성인 간이식 최장기 생존자의

희망의 증거

Evidence of Hope

이상준 지음

서로사랑

성인 간이식 최장기 생존자의 희망의 증거

1판1쇄 발행 2016년 6월 8일

지은이 이상준

펴낸이 이상준
펴낸곳 서로사랑(알파코리아 출판 사역기관)
만든이 이정자, 주민순, 장완철
　　　　 이소연, 박미선, 엄지일
이메일 publication@alphakorea.org

등록번호 제21-657-1
등록일자 1994년 10월 31일
주소 서울시 서초구 방배1동 918-3 완원빌딩 5층
전화 02-586-9211~3
팩스 02-586-9215
홈페이지 www.alphakorea.org

숭고한 마음으로 꺼져 가는 생명을 살려

그들의 가정을 따뜻한 가정으로 회복시켜 준

이 땅의 모든 기증자 분들에게

사랑과 감사의 마음을 담아 드립니다.

차례

. . . . .

제2부 생명으로 생명을

이 세상에서 생명을 나누는 것보다 더 고귀한 일이 있을까요? 이런 귀한 마음을 가진 기증자 분들이 계시기에 세상은 더욱 아름다운 것 같습니다.

1992년 10월 9일, 당시만 해도 국내에서는 간이식 수술이 별로 이루어지지 않았던 때였습니다. 그런데도 이상준 님이 경험도 거의 없는 젊은 의사에게 전적으로 소중한 생명을 맡기시는 것을 보며, 참으로 배짱이 좋은 분이라고 생각했습니다.

이상준 님은 다행히도 수술 후 순조롭게 회복되셨고, 우리 이식 팀은 함께 모여 이상준 님의 퇴원을 축하하는 자리를 만들기도 했습니다. 이때의 자신감이 바탕이 되어, 최근에는 간이식 수술을 연간 400건 이상 집도하기에 이르렀으며, 이식 결과도 계속적으로 좋아지게 되었습니다. 이 모두가 그동안 저희 이식 팀을 믿고 맡겨 주신 간이식인과 그 가족 분들의 신뢰와 기도 덕분이 아닌가 생각합니다.

이상준 님은 간이식 후 몸에 어떠한 문제도 발생하지 않으셨습니다. 이러한 모범적인 건강관리는 간이식을 망설이는 분들과 간이식을 앞두고 불안해하는 분들, 그리고 간이식을 받은 많은 분들에게 귀감이 되고 있습니다. 이상준 님은 간이식인이 지켜야 할 의무를 잘 전해 주시기 때문에 우리 이식 의사들에게는 고마운 분이며, 간이식인들에게는 희망이 되시는 분입니다.

　이상준 님은 수술 후 새로 얻은 생명으로 의미 있는 삶을 살고
자, 그동안 운영하던 전자회사를 정리하고 복음을 전하는 알파코
스의 한국 대표와 도서출판 서로사랑의 대표로 활동하고 계십니
다. 또한 지난 24년 동안 서울아산병원 간이식인회 회장뿐 아니라
한국간이식인회 회장을 맡으시며 간이식인들의 권익 옹호와 화합
을 이루는 데 헌신하셨습니다.

　이상준 님께서 이렇게 한국의 간이식인을 대표하시고, 또한 세
계적인 전도 프로그램 알파코스의 한국 대표로 활동하시게 된 것
은 사랑과 믿음으로 모든 어려운 과정을 이겨냈던 가족과, 특히 항
상 그림자처럼 내조하시는 부인의 이해와 기도가 있었기에 가능했
다고 생각됩니다.

　이제, 이상준 님의 이식 후 24년간의 발자취를 되짚어 보며 그
분과 동행하시는 하나님의 역사하심을 모은 책이 발간됨을 축하드
립니다. 이상준 님의 감동적인 삶의 기록인 이 책이, 우리나라 1만
여 간이식인들과 온갖 질병으로 고통을 받고 있는 환우 분들, 그리
고 그 가족 분들에게 소중한 소망이 되어 주길 바라며, 기쁜 마음
으로 추천합니다.

이승규
(현) 아산의료원장
(현) 서울아산병원 석좌교수

추천의 글

　이상준 선교사가 존재한다는 것만으로도 수많은 사람들에게 격려가 됩니다. 그는 간이식 수술을 통해 육체적 그리고 정신적 삶이 변화되었습니다. 당시 그는 스스로와 하나님에게, 만약 하나님께서 더 오랜 삶을 허락하신다면 남은 삶을 예수님을 통한 새 생명을 다른 사람들에게 전하고 나누며 살겠다고 약속하였습니다.

　하나님께서 다시 살아난 이상준 선교사를 통해 수많은 사람들에게 새 생명을 갖게 하는 것은 아주 특별한 이야기가 아닐 수 없습니다. 그는 회복 직후 알파코스에 대하여 알게 되었는데, 그 당시 한국에는 알파코스가 전해지지 않았을 때입니다.

　그때로부터 20여 년이 지난 지금, 한국에는 약 4,770개의 알파코스가 운영되고 있는데, 저는 이 모든 것이 그의 헌신과 열정에서 비롯된 것이라고 말할 수 있습니다. 그러나 이것은 영혼에 대한 열정으로 가득 찬 그의 삶의 일부분으로서, 하나님의 도구로서 수많은 이들의 생명이 살아나게 하는 단 한 가지의 예일 뿐입니다.

　제가 받은 감동이 여러분에게도 전해지기를 바라며, 축복하는 마음으로 이 책을 추천합니다.

니키 검블
국제 알파 본부 총 책임자, 영국 HTB(Holy Trinity Brompton) 교회 담임

2012년 간이식 20주년을 지내고 서울아산병원 홍보팀에서 '희망의 증거'라는 타이틀로 제 삶을 영상화하여 유튜브에 내보냈습니다. 성인 간이식 최장수! 오래 산 것도 기록이지만, 어떻게 오래 살았는가가 더 중요한 것 같습니다.

24년 동안 한 번의 이상 없이 건강하게 산 것이 이식 수술을 기다리는 환자와 가족에게, 또 수술하신 환자와 가족에게 희망이 된다면 감사할 뿐입니다. 많은 이식 환자 분들께서 어떻게 관리하느냐고 질문을 하십니다. 저는 전문가가 존중받는 사회가 건강한 사회라는 생각으로 이승규 선생님과 의료진들의 지시에 철저히 따르고 있습니다. 또한 제가 노력해야 할 수칙들(꾸준한 약 복용, 운동, 식사 등)을 철저히 지키며 하나님의 은혜를 구하고 있습니다.

저는 매사에 감사하는 삶을 살고 있습니다. 기증자와 그 가족 분들, 이승규 선생님과 의료진, 금식하며 눈물로 기도해 주신 어르신과 가족 및 친지 분들, 그리고 혈소판을 제공해 주었던 헌혈자들, 친구들…. 모든 분들께 다시 한 번 깊은 감사를 드립니다. 감사하니까 건강을 지켜야겠다는 소명 의식으로 살게 됩니다.

하나님께선 의미 있는 삶의 문제인 '앞으로의 삶은 어떻게 살아야 하는가?'에 대해 고민하는 시간들을 통해 육체적 생명 운동으로는 장기 기증 캠페인을 회원들과 함께하게 하시고, 영적인 생명 운동으로는 알파코스를 이 땅에 처음 소개하는 감동과 영광을 누리게 하셨습니다. 이 모든 것에 대한 감사의 마음을 담아 이 책을 발간합니다.

　감사드리며

　　　　　　　　　　　　　　　　　　　　　　　　이상준

Evidence of Hope

제1부

두 번째 태어난 새 생명

Evidence of Hope

사람은 두 번 태어난다. 한 번은 존재하기 위해, 또 한 번은 일하기 위해. 산다는 것은 숨을 쉬는 것이 아니라 무언가 뜻있는 일을 하는 것이다.

- 루소(Henri Rousseau) -

사람은 두 번 태어난다

1991년 봄, 길고 추웠던 겨울이 지나고 화창한 봄이 왔다. 샛노란 개나리꽃이 생명에 대한 소망과 아름다움을 새삼스레 절감하게 한다. 봄은 가슴 부푼 새로운 소망을 주지만, 동시에 그 포근함으로 점심 식사 후의 나른함을 선물하기도 한다. 성취욕에 도취되어 앞만 보고 달려온 나날들, 어느새 40대 초반이 되어 차 한 잔 앞에 놓고 지난날을 되돌아보는 모처럼의 한가한 시간이다.

아버지는 농사로 5남매를 교육시키셨기 때문에 경제적으로 궁핍할 수밖에 없었다. 그래서 장남인 나는 늘 돈에 대한 집착이 심하지 않았나 생각된다. 1970년대는 60년대 후반부터 몇몇 성공한 기업인들에 대한 선망으로 자극을 받은 젊은이들이 정말 열정적으로 일에 매달린 시대였다.

처음 직장생활을 시작했을 때 월급을 받으면 청계천 헌책방들을 순례하던 기억이 난다. 그때 산 작은 문고본 가운데 아놀드 토인비와 그의 아들 필립 토인비의 〈대화〉라는 책의 내용이 문득 떠오른다. 아들이 아버지에게 "돈에 대해 말씀해 달라"고 한다. 이에 대한 아버지의 대답은 "돈이 너무 없으면 돈, 돈, 돈을 추구하다 돈의 노예가 되고, 돈이 너무 많으면 돈을 관리하는 데 집착하다가 돈의 노예가 된다. 나는 자녀들이 공부하고자 할 때 교육시킬 만큼의 돈, 내가 보고 싶은 책들을 살 수 있을 만큼의 돈, 이 정도가 동양의 중용이 아닐까 생각한다"는 내용이었다.

당시 나의 삶을 돌아보았다. 돈, 돈, 하며 돈을 추구했던 노예의 삶은 아니었을까? 지금의 나를 보면 중학교 2학년인 아들과 초등학교 6학년인 딸을 교육시키기에는 부족함이 없을 것 같고, 내가 읽고 싶은 책을 사기에도 부족함이 없을 것 같다. 수백 명이 함께 일하는 회사의 대표이고 회사도 안정이 되었지만, 나의 성취욕과 욕심은 끝이 없는 것 같다.

오래전에 책상 머리맡에 붙여 놓은 글귀가 있다.

"사람은 두 번 태어난다. 한 번은 존재하기 위해, 또 한 번은 일하기 위해. 산다는 것은 숨을 쉬는 것이 아니라 무언가 뜻 있는 일을 하는 것이다."

- 루소 -

지난 주, 학교 동창들끼리 운동을 나갔다. 한낮이면 봄 날씨 치고는 꽤 더웠다. 14번 홀에서 갑자기 다리에 쥐가 나서 주저앉아 주무르다가 운동을 마치지 못하고 먼저 돌아왔다. 꺼림칙했다. 내 몸에 이상이 있는 것일까? 그러고 보니 언제부터인가 다리의 피부가 건조해서 자주 긁게 되고, 빨간 반점들이 오톨도톨 솟아나 있었다.

봄이라 그런가 보다 했는데, 최근에는 점심 식사 후 나른한 것이 힘이 빠지며 졸음이 왔다. 회사가 조금 안정되었다고 긴장이 풀린 탓인가? 내 몸이 무쇠인 줄 알고 앞만 보고 열심히 뛰어 왔는데, 잠시 쉬면서 종합검진을 받아 봐야겠다는 생각이 들었다.

"자신을 위해서뿐만 아니라 가족을 위해서, 나아가 이웃과 나라를 위해서도 건강해야 한다. 요새를 지키듯 스스로 건강을 지켜야 한다."
- 페스탈로치 -

"많이 진행된 상태입니다"

모처럼 시간을 내어 집 근처에 있는 강남성모병원을 찾았다. 종합검진을 위한 접수를 하고 가운으로 갈아입었다. 채혈을 하고, 엑스레이 사진을 찍고, 소변을 받기 위해 플라스틱 컵을 들고 화장실을 왔다 갔다 하며 지시한 대로 했다.

며칠 후 검사 결과가 나왔다는 통보를 받고 설명을 듣기 위해 다시 병원을 찾았다. 간이 좋지 않은 것 같으니 특진을 받으라고 했다. 권고에 따라 나는 소화기내과의 이창돈 선생님에게 특진을 받았다.

"간경화가 이미 많이 진행된 것 같군요. 조직검사를 해 보시는 것이 좋을 것 같습니다."

처음에는 그 말의 의미를 잘 몰라 멍하니 듣고 있다가 비로소 그 뜻을 이해하게 됐다. 가슴이 철렁 내려앉는 기분이었다.

'간경화라니, 이게 도대체 무슨 말인가?'

B형 활동성 간염을 앓다가 이미 간경화로 진행된 상태라는 것이다. 문득 십여 년 전의 일이 떠올랐다. 가족 모두가 B형 간염 예방 백신을 맞을 기회가 있었다. 그런데 그때 나는 주사를 맞지 않았다. 너무 바쁘기도 했지만 그게 꼭 필요할까란 생각을 했다. 나는 매우 건강한 편이어서 굳이 예방 백신을 맞아야 할 필요성을 느끼지 못했다. 그래서 아내와 아이들만 예방 백신을 맞았다.

'그때 나도 맞았더라면 좋았을 것을….'

후회가 밀려왔지만 엎질러진 물이었다. 병원을 나왔지만 별로 실감이 나질 않았다. 마치 다른 사람에게 일어난 일인 양 다소 얼떨떨해 하고 있었다.

'간경화? 간경화라….'

간경화라는 병명도 낯설게만 느껴졌다. 현실로 받아들여지지 않았다. 그래서 매월 함께 부부 모임을 갖는 고성건 혜화병원 원장님을 찾아가 상의를 드렸다. 고 원장님은, 간에 관련해서는 국내 최고 권위자 중 한 분이라며, 고대구로병원 이창홍 선생님을 소개해 주셨다.

고대구로병원을 찾아가 조직검사를 받았다. 결과는 마찬가지였다. 간경화가 많이 진행된 상태여서 하루라도 빨리 치료에 들어가는 것이 좋겠다고 하셨다. 이창홍 선생님의 친절한 설명에도 불구하고 사태의 심각성을 제대로 깨닫지 못한 채 덤덤한 마음으로 집으로 돌아왔다. 치료가 가능할 것이라는 막연한 기대감만 가슴에 안은 채로.

잠 못 이루는 밤의 유익

상황은 점점 악화되어 갔다. 원래 피부는 검은 편이었지만, 건강하게 검던 얼굴이 병색이 완연한 검은 얼굴로 변해 갔다. 하지만 평소 하던 일들을 계속하며 평상심을 유지하려고 노력했다. 내게 속마음을 내색하지 않으려고 애를 쓰는 아내의 모습이 못내 안쓰럽다.

저녁에 아이들과 가정예배를 드린 후 잠자리에 들었다. 하지만 도통 잠을 이룰 수가 없었다. 쉽게 잠들지 못하고 이리저리 몸을 뒤척이니 아내는 딸이 쓰던 방을 내주고 자신은 딸과 함께 안방에서 자겠다고 한다. 방을 바꿔 다시 자리에 누웠다. 아내와 아이들이 소리를 내지 않으려고 발뒤꿈치를 들고 조심조심 걷는 기척이 느껴졌다.

91년 가을, 신설 병원인 서울아산병원에 좋은 의사 분들이 많다는 소문이 들려왔다. 같은 교회에 출석하는 신대식 집사님이 아산재단에 근무한다는 사실을 알게 되었다. 그래서 간 전문의를 소개해 달라고 신 집사님에게 부탁하니 정영화 선생님을 소개해 주셨다.

그동안의 모든 검사 결과를 살펴본 정영화 선생님은 일단 약을 복용하면서 치료 결과를 살펴보자며 3개월 치 약을 처방해 주셨다. 약을 두 번 정도 처방받아 복용한 후, 92년 3월경 채혈을 비롯한 여러 가지를 검사했다. 검사 결과도 보고 진료도 받기로 약속된 날, 갑자기 회사에 중요한 일이 생겼다. 내가 꼭 회사에 나가서 직접 처리해야 할 일이었다. 할 수 없이 아내에게 병원에 가서 결과를 확인하고 약을 받아다 달라고 부탁했다.

결과가 궁금해서 회사에서 아내에게 전화를 걸었다. 아내의 목소리가 착 가라앉아 있었다. 1년 내지 1년 6개월 정도 생존이 가능하다고 하셨단다. 평소 일을 하는 데 큰 지장은 없었기에 충격으로 다가왔다. 내 삶의 남은 기간을 통보받는 자리에 아내 혼자 보낸 것이 마음에 걸린다.

근래에 바지의 허리둘레가 자꾸 꽉 끼는 느낌이 들었다. 그래서 아내에게 허리를 늘려 달라고 부탁하고, 자리에 앉을 때는 벨트를 푸는 습관이 생겼다. 배에 복수가 차서 허리둘레가 늘어난 것이라고 한다.

잠을 자려고 자리에 누워도 잠이 오지 않는다. 새벽 4~5시경 겨우 잠이 들어 서너 시간 정도 잘 뿐이다. 그나마 다행인 것은 운전기사가 있어 차에서 조금씩 부족한 잠을 보충할 수 있다는 것이다.

밤에 잠이 오지 않으니 수많은 생각들을 하게 된다: '남은 1년을 어떻게 살아야 하나? 죽음의 문제는 누구에게나 다가오는 것이 아닌가? 정말 영원한 삶이 있을까?' 그러면서 전도 여행을 위해 배운 연쇄전도훈련(CWT, Continuing Witness Training), 또 청년들에게 가르쳐 왔던 복음의 내용들, 특히 영생의 문제가 나 자신의 문제로 다가왔다.

언제인가 청년부 설교를 위해 준비했던 존 웨슬리의 회심 과정이 떠올랐다. 존 웨슬리는 옥스퍼드대학교에서 신학을 한 후 미국 조지아 주에서 선교사로 사역을 하고 돌아왔다. 그러나 귀국하는 길에 풍랑을 만나 죽을 뻔한 상황에서 두려워 떨 수밖에 없었다. 하지만 그 순간에도 배 저쪽 편에서는 오히려 찬송을 하는 무리들이 있었다. 모라비안 성도들이었다. 웨슬리는 충격을 받았다. 자신의 믿음은 예수님이 나의 죄를 담당하시기 위해 십자가에서 돌아가시고, 나의 의로운 삶을 위해 부활하셨다는 사실에 지적으로 동의하고 예수를 닮아 가는 삶을 사는 것이라고 이해했다. 그러나 모라비안 성도들과 로마서 서문을 공부하다가 비로소 회심을 하게 되고, 회심을 통해 구원에는 세 가지 핵심적인 요소가 포함되어 있음을 확인하게 되었다.

첫째, 그리스도에 대한 신뢰
둘째, 하나님의 자녀로서의 확신
셋째, 삶의 기적적인 변화

먼저, 그리스도에 대한 신뢰는, 나의 노력으로 그리스도를 본받아 살려는 것이 아니라 그리스도 안에 나 자신을 맡겨 그 안에서 사는 것을 의미한다.

둘째, 하나님의 자녀로서의 확신을 갖는다는 것은, 성령은 믿는 자에게 구원받은 하나님의 자녀라는 것을 확신시켜 주시기 때문에 신앙인은 확신을 가진다는 것이다.

셋째, 삶의 기적적인 변화는, 단순한 내적 도덕성의 함양이 아니라 완전하고 새로운 시작을 말하는 것이다.

이 내용을 되새기고, 이것을 나에게 적용해 보았다.

내가 자란 곳은 70여 호가 사는 아름다운 농촌 마을이었다. 내가 초등학교 3학년 때, 20대 초반의 아리따운 아가씨가 사랑방을 빌려 20~30명의 아이들에게 율동을 하며 찬송가를 가르쳤는데, 상냥한 미소로 아이들을 얼마나 사랑스럽게 대하던지, 나뿐 아니라 다른 아이들도 그 아가씨를 너무너무 좋아했었다. 그런데 2년쯤 후 홀연히 사라져 몹시 서운했던 기억이 난다.

어머니는 모두 일곱 명의 자녀를 낳으셨다. 그런데 내 위의 누나를 6.25 때 잃으셨고, 1.4후퇴 때는 갓 낳은 남동생을 잃으셔서, 다섯 명의 자녀를 기르셨다. 어머니는 항상 몸이 아프서 아버지와 내가 종종 식사 준비를 하곤 했다. 6학년 때는 무당이 집에 찾아와 굿을 하기도 했는데, 어머니의 병을 낫게 하기 위해 귀신을 쫓는다고 했다. 그 굿이 참 싫어서 투정을 하는 나에게 아버지께서 화를 내셨던 기억도 있다.

중학교 1학년 때였을 것이다. 앞마을과 우리 마을 사이의 산언

덕에 교회가 세워졌다. 교회를 보니 초등학교 때 아름다운 여선생님의 율동과 찬송가가 기억났다. 그래서 어머니에게 교회에 한번 가 보시라고 권유했다. 그때부터 어머니는 돌아가실 때까지 동생들과 함께 참으로 열심히 하나님을 섬기셨다. 지금도 남동생 내외는 장로와 권사로 그 교회에 출석하며 하나님을 잘 섬기고 있다.

하지만 정작 나는 학교를 핑계로 교회에 열심히 다니지 않았다. 그런데도 아내가 결혼을 결심하기 위해 교회에 다니느냐 물었을 때, 나는 잘 다닌다고 뻔뻔스럽게 말했다. 결혼 후에도 형식적인 교회 생활은 계속되었으며, 핑계거리만 있으면 주일예배를 빠지는 나를 보며 어머니와 아내는 많은 시간을 함께 기도하며 보내곤 했다. 그러면 단지 그 모습이 보기 좋아서, 나는 가정의 화목을 지키기 위해 교회에 다닌다고 친구들에게 말하곤 했다.

결혼 후 몇 년간 공무원 생활을 하다가 개인적인 소망과 성취욕으로 사업을 하겠다고 나섰다. 그때 창업한 회사는 무역과 공해방지시설업이었다. 처음에는 회사가 순조롭게 잘 운영되었으나, 박정희 대통령 시해 사건 후부터 사업은 어려움을 겪었다.

1982년 초쯤이었다. 아내가 심각한 얼굴로 소원이 있다고 했다. 과부처럼 혼자 예배드리기 싫다, 평생 함께 교회에 다니고 싶다, 바이어 만난다고 주일예배 빠질 때마다 괴로웠다며, 나와 함께 예배드리는 것이 소원이라고 간청했다. 그러면서 지금이 좋은 기회라고, 사업은 언제든 다시 잘할 수 있으니 기도원에 가서 차분히 하나님과의 관계와 신앙생활을 점검해 보자고 했다. 그래서 아내와 함께 기도원으로 갔다.

기도원에는 하루에 여덟 잔의 생수만 마시며 장기 금식하는 사람들이 있었다. 그래서 기왕이면 나도 금식하면서 하나님께 매달려 보자는 생각에, 3일이 지나자 힘들어하는 아내를 집으로 돌려보내고 나 혼자 일주일간 하루에 생수 여덟 잔씩을 마시며 금식을 했다.

나는 기도보다는 성경을 읽는 데 집중했다. 생수를 마실 때마다 온몸이 시원했으며, 몸이 가벼워지고 머리는 맑아졌다. 나는 청량감 속에서 신약성경을 읽었다. 그중에서도 전에는 어렵게만 느껴졌던 로마서를 읽고 또 읽었다. 그랬더니 냉랭하게만 느껴지던 말씀이, 믿으려고 노력해도 잘 믿어지지 않던 복음이, 확실히 믿어졌다. 특히 이 말씀이 가슴속으로 파고들며 눈물이 났다.

"복음에는 하나님의 의가 나타나서 믿음으로 믿음에 이르게 하나니 기록된 바 오직 의인은 믿음으로 말미암아 살리라 함과 같으니라"(롬 1:17).

"우리가 아직 죄인 되었을 때에 그리스도께서 우리를 위하여 죽으심으로 하나님께서 우리에 대한 자기의 사랑을 확증하셨느니라"(롬 5:8).

어머니의 하나님, 아내의 하나님이 나의 하나님으로 믿어졌다. 기쁘고 가벼운 마음으로 집으로 돌아왔다. 아내가 너무 기뻐했다.

그때부터 고등부 교사로, 중·고등부 부장으로 그리고 청년부

부장으로 섬기며 학생들과 성경을 공부하는 일이 너무도 즐거웠다. 장로교단에서 장로를 세울 때 피택 절차를 거치는 것처럼, 침례교단에서는 안수집사를 세울 때 피택 절차를 거치는데, 나는 출석하던 교회에서 가장 많은 표를 얻어 집사 안수를 받았다.

하나님께서 선한 이웃들을 만나게 하셔서 다시 사업이 번창했다. 교회에서는 청년부 부장 외에도 해외선교분과위원장, 기도 그룹 팀장, 새신자들을 대상으로 요한복음을 22주 동안 가르치는 일을 맡는 등 삶의 우선순위가 바뀌었다. 말 그대로 예수님과 동거하는 기적적인 삶의 변화였다. 교회 일에 너무 열심인 나를 보고 아내는 가족들과도 좀 시간을 가져 달라고 서운해 할 지경이었다.

잠이 오지 않는 밤, 이런 일들이 영화 필름이 돌아가듯 선명하게 떠오르며 지나갔다.

'아, 하나님! 이제 정말 영향력 있는 삶을 살고자 하는데 죽어야 하나요?'

이런 절규가 솟아올랐다.

교회 청년들과 함께 충남 서천으로 여름 전도 여행을 갔던 기억이 떠올랐다. 작은 농촌 마을에 아름다운 교회가 있었다. 그곳에 가기 3개월 전, 우리는 그곳 담임목사님을 초대하여 연쇄전도훈련 내용을 알려드리고, 전도 대상자들의 정보를 계속 받아서 성령의 도우심을 간구하는 기도를 드리고 내려갔다.

40대 중반의 한 여인이 우리를 위해 맛있는 식사를 준비하고 있었다. 사모님의 말씀이 "저분은 결혼하기 전에는 열심히 신앙생활을 하셨는데, 결혼한 후에는 남편이 무서워서 몰래몰래 교회에 와서 남편과 서울에서 공부하는 두 아들을 위해 울면서 기도한다"는 것이었다. 남편은 이 지역에서 가장 성실하고 모범적인 군청의 간부이자 농사도 제일 많이 짓는 분으로서, 덕망 있고 영향력 있으며 반듯한 삶을 사는 분으로 소문난 인물인데, 이상하게도 부인을 교회에 못 가게 한다는 것이다.

우리 팀은 그 부인의 남편을 위해 3개월간 기도했다. 그런데 청년을 보내지 말고 부장인 나더러 직접 가 달라고 부탁하신다. 나는 그 집을 향해 가면서 계속 기도했다: "성령 하나님, 저보다 먼저 가셔서 그분의 마음에 감동을 주시고, 복음을 전할 때 제 입술에 권위를 주셔서, 예수 이름의 권세가 나타나게 해 주옵소서."

그 집에 도착해 보니 넓은 집에 잘 정돈된 마당이 있고, 대청에는 상이 펴져 있었다. 하얀 모시옷을 시원하게 입은 주인이 나와 정중하게 맞으며 "서울에서 어떻게 이런 시골까지 오셨느냐"며 인사를 건넸다. 우리는 시원한 수박을 함께 먹으며 대화하기 시작했다. 자녀를 몇이나 두셨느냐고 물었더니, 아들만 둘인데, 서울에서 대학에 다니고 있다고 했다. 나는 이때다 싶어 "아저씨, 서울에서 공부하는 아들 둘은 등록금을 누구에게 달라고 하나요?" 하고 물었다.

좀 어이없어하는 표정을 짓던 주인은 "그야 물론 지 애비인 나에게 달라고 하지요" 했다. 나는 말을 이어 갔다.

"그렇죠, 길거리에서 아무 아저씨에게나 등록금을 달라고 하면 이상하게 보겠죠? 두 아들은 아버지에게 등록금을 포함한 기타 생활비나 모든 필요를 상의 드리고 당당하게 달라고 하죠?"

"그럼요."

"부자지간의 관계가 그렇게 당당하게 달라고 할 수 있는 관계를 만든 거지요?"

"그렇죠."

"선생님은 아주 부지런하시고 평판도 좋으신 데다가 경제적으로도 넉넉해서 부족함이나 걱정거리가 없으시겠어요."

"무슨 말씀을! 이 세상에 걱정거리 없는 사람이나 가정이 있나요? 건강 걱정, 아이들 걱정, 직장 걱정, 때마다 농사 걱정, 이렇게 걱정, 걱정하면서 살지요."

"그러시면 선생님의 모든 형편을 잘 아시는 하나님과 아버지와 아들의 관계가 되어 모든 걱정을 아버지 하나님께 맡기며 사시도록 돕고 싶은데, 제 말을 좀 들어 주시겠습니까?"

그러자 주인은 선선히 그렇게 하겠다고 했다. 종이 몇 장이 필요하다고 했더니 지나간 달력 한 장을 찢어 왔다. '다윗의 별'을 그리고 잘 정돈된 복음을 종이에 써 가며 제시했다. 그러자 그토록 완고하던 분이 어린아이처럼 순수하게 복음을 받아들이고 영접 기도까지 했다. 그 모습을 지켜보던 부인과 사모님은 흘러내리는 눈물을 조용히 닦았다.

그 다음 날 점심도 그분의 부인이 대접하셨다. 식사를 준비하는 부인의 손과 얼굴 표정이 얼마나 밝고 행복해 보이던지, 그 모습을 바라보는 내 마음까지 행복해졌다. 기억 속에 그때의 모습이 눈에 선하다.

'그렇다, 관계다! 나는 하나님의 자녀다. 내 형편과 처지를 다 아시는 전지전능하신 하나님이 나의 아버지이시다. 하나님의 뜻이 계실 것이다. 의연하자. 하나님이 나를 아신다. 세상 사람들로부터 위로받기를 기대하지 말자.'

하나님이 내 마음을 아시는 것보다 더 큰 위로는 없다는 생각에 나는 편안히 잠들 수 있었다.

내가 섬기던 교회는 91년과 92년, 2년에 걸쳐 교회당을 건축했다(교회당은 아름다운 건물로 서울시로부터 건축문화상을 받기도 했다). 내가 부장으로 섬겼던 3청년부는 교회당을 건축하던 2년간 매주 토요일마다 우리 집에 모여서 예배를 드렸는데, 5시부터 6시까지는 예배를 드리고, 6시부터 7시까지는 아내가 준비한 저녁 식사를 함께했다. 식사를 마친 청년들은 설거지를 하고 차를 마시며 8시까지 네 그룹으로 나뉘어 분반공부를 했다. 나에게는 이 시간이 가장 즐겁고 기다려지는 시간이었다. 교회 청년들 중에서도 가장 나이 든(30~40대) 미혼인 이들이 열심히 일하고 와서 예배를 드린 후 함께 맛있는 저녁 식사를 나누는 시간이었기 때문이다. 식사 시간에는 늘 웃음꽃이 피었다.

1992년 5월 가정의 달이었다. 설교를 준비하기 위해 구약성경에서 본문 구절을 찾다가 출애굽기 21장 말씀을 읽게 되었다(침례교단은 장로 제도가 없이 사도행전 6장 5~6절 말씀을 근거로 집사 안수를 주며, 스데반처럼 설교도 했다. 나도 안수집사로서 청년부 설교를 하고 있었다.).

"자기 아버지나 어머니를 치는 자는 반드시 죽일지니라"(출 21:15).

갑자기 가슴에 통증이 느껴지면서 눈물이 났다.

'부모님이 나를 어떻게 키우셨는데…. 장남인 내가 먼저 죽는다면 부모님은 마음에 얼마나 큰 충격을 받으실까? 내가 부모님보다 먼저 죽는 것은 사형에 해당하는 중한 죄가 아닌가?'

'의연하게 찬양하며 죽음을 맞이하리라' 는 나의 생각이 곧 교만이었다는 것을 깨닫게 되었다. 눈물이 왈칵 쏟아졌다. 어머니의 헌신적인 사랑을 떠올리며 침대에 엎드려 펑펑 울었다. 그렇게 실컷 울고 났더니 마음이 가라앉으며 평안이 찾아왔다.

───────────────────── ⚜ ─────────────────────

"나는 하나님을 믿는다. 하나님께 맡기면 무엇이든 최후에는 가장 좋은 결과가 나오는 것이다. 따라서 괴로워할 필요가 전혀 없다."

- 존. D. 록펠러 -

하나님의 자녀로서의 권세

하나님의 자녀로서의 권세를 누리는 삶이란 어떤 삶일까? 영생
의 질적인 의미인 '이 땅에서의 풍성한 삶'이란 어떤 것일까?

이전에 전도를 하면서 "절망하기보다는 소망 가운데 사는 것,
우울해하기보다는 기뻐하며 사는 것, 불안함 가운데 살기보다는
평안함 속에 사는 것, 연약한 모습으로 살기보다는 능력 있게 사는
것"이라고 전했던 기억이 생생하다.

그렇다면 최소한 부모님보다는 건강하게 더 오래 살아야 하는
것이 아닐까? 내가 어떻게 먼저 죽어 부모님의 가슴에 못을 박는단
말인가. 시시각각 다가오는 죽음을 피하거나 소멸시킬 수 있는 길
은 없을까? 이런 답답함과 간절함 속에서 히스기야 왕을 떠올렸다.

히스기야 왕은 기도로 15년의 생명을 연장 받은 왕으로, 열왕기
하 20장 1절에서 이사야 선지자로부터 죽음을 선고받고, 2절에서
"낯을 벽으로 향하고 여호와께 기도하여 이르되 여호와여 구하오

니" 하며 나타난다. 이 말씀을 주석에서 찾아보니 '세상 사람들과의 관계 속에서 해결의 길을 찾은 것이 아니라 하나님과의 관계 속에서 해결의 길을 찾은 것'이라고 기록되어 있었다.

그 순간 깨달아지는 것이 있었다: '그렇다! 병원에서는 살날이 얼마 남지 않았다고 하지 않던가! 나로서는 나를 잘 아시는 전지전능하신 하나님 아버지와의 관계 속에서 해결의 길을 찾을 수밖에 없지 않은가!'

C. S. 루이스(C. S. Lewis)의 책 〈고통의 문제〉의 한 구절이 떠올랐다.

"하나님은 기쁘고 형통할 때 우리에게 작은 목소리로 말씀하신다. 그러나 우리의 고난 중에 그분은 큰 소리로 외치신다. 고난은 귀먹은 세상을 깨우는 그분의 확성기이다."

예수 안에서 동거하는 삶을 열심히 산다고 하면서도 평안하고 형통할 때는 그저 내 생각과 내 욕심대로 살았을 뿐이라는 생각이 들었다. 눈앞에 닥친 죽음이라는 심각한 고난을 맞이하고서야 하나님께 애타게 매달리는 내 모습이 참으로 멋쩍었다. 성경 말씀도 확대경으로 보는 것처럼 크게 보였다.

히스기야 왕은 3절에서 "여호와여 구하오니 내가 진실과 전심으로 주 앞에 행하며 주께서 보시기에 선하게 행한 것을 기억하옵소서" 하고 "심히 통곡"했다. 남유다 왕국의 13대 왕으로 25세에 즉위한 그는 촉망받는 왕이었다.

"이스라엘의 왕 엘라의 아들 호세아 제삼년에 유다 왕 아하스의 아들 히스기야가 왕이 되니 그가 왕이 될 때에 나이가 이십오 세라 예루살렘에서 이십구 년간 다스리니라 그의 어머니의 이름은 아비요 스가리야의 딸이더라 히스기야가 그의 조상 다윗의 모든 행위와 같이 여호와께서 보시기에 정직하게 행하여 그가 여러 산당들을 제거하며 주상을 깨뜨리며 아세라 목상을 찍으며 모세가 만들었던 놋뱀을 이스라엘 자손이 이때까지 향하여 분향하므로 그것을 부수고 느후스단이라 일컬었더라 히스기야가 이스라엘 하나님 여호와를 의지하였는데 그의 전후 유다 여러 왕 중에 그러한 자가 없었으니"(왕하 18:1~5).

그런 그도 죽음 앞에서는 하나님 앞에 통곡하며 기도했다. 동병상련의 연민이 느껴지는 모습이다. 그런데 "주께서 보시기에 선하게 행한 것을 기억하옵소서"라는 기도가 자꾸 마음에 파고들었다. 그간 선한 일을 한 것은 작은 것밖에 떠오르지 않고, 교만하고 방탕했던 일들만 크게 생각났다. 특별히 하나님이 보시기에는 더욱 그럴 것 같았다. 낙담이 되었다.

'그래도 하나님께 매달리자. 나의 그릇된 삶은 다 잊으시고 용서하신다고 하지 않았던가?'

어느 날 밤, 잠은 오지 않고 하나님께 아뢰기도 염치가 없는 것 같아 "아, 하나님…" 하고는 침묵의 시간을 보내고 있는데, 문득 이런 생각이 들었다. 히스기야의 선(善)은 구약 시대의 선인데, 예수님이 오신 이후, 즉 신약 시대의 선은 무엇인지 찾아보고 싶어졌다. 세 말씀이 눈에 들어왔다.

> "우리는 그가 만드신 바라 그리스도 예수 안에서 선한 일을 위하여 지으심을 받은 자니 이 일은 하나님이 전에 예비하사 우리로 그 가운데서 행하게 하려 하심이니라" (엡 2:10).

> "모든 성경은 하나님의 감동으로 된 것으로 교훈과 책망과 바르게 함과 의로 교육하기에 유익하니 이는 하나님의 사람으로 온전하게 하며 모든 선한 일을 행할 능력을 갖추게 하려 함이라" (딤후 3:16~17).

> "그가 우리를 대신하여 자신을 주심은 모든 불법에서 우리를 속량하시고 우리를 깨끗하게 하사 선한 일을 열심히 하는 자기 백성이 되게 하려 하심이라" (딛 2:14).

이 말씀들을 정리하니, 선한 일을 위해 우리를 지으셨고, 깨끗하게 하사 선한 일을 열심히 하는 자기 백성으로 삼으시고, 끊임없이 교훈하사 선한 일을 행할 능력을 갖추게 하신다고 정리가 되었다.

나는 당시 담임목사님께 교육을 받고, 새신자들에게 22주 동안 요한복음을 가르치는 교사로 섬기고 있었다. 젊은 엘리트들을 내게 맡기셔서, 더 많은 준비가 필요했다. 요한복음 묵상을 통해서, 특히 "죄에 대하여라 함은 그들이 나를 믿지 아니함이요" (요 16:9)라는 말씀을 통해 신약 시대 최고의 선은 말씀(하나님)이 육신이 되어 이 땅에 오신 예수님을 믿는 것이라는 사실이 이해가 되면서 선명한 빛이 비춰지는 것 같았다.

예수를 믿어 생명이 살고, 생명을 모르는 자들에게 그 생명을 전하는 중인의 삶을 사는 것이 이 시대 최고의 선이며, 선한 일을 행할 능력을 갖추게 하시려고 말씀으로 계속 교훈하신다고 정리하니 위로와 희망이 생겼다. 하나님의 자녀가 되었고, 여름과 겨울 전도 여행을 할 때마다, 까다로운 사람이나 임종 직전의 사람들에게 복음을 전해야 할 때마다 두려움에 떨었지만, 성령의 도우심을 간구하며 진실과 전심으로 수백 명의 사람들에게 복음을 전했다는 생각이 들었다.

비록 하나님 앞에서 허물 많은 삶이었지만 하나님의 자녀가 되어 열심히 전도한 것을 기억해 달라고, 그래서 히스기야처럼 생명을 연장시키시어 부모님보다는 더 살게 해 달라고, 간절히 기도하게 되었다.

"삶과 죽음에서 나의 유일한 위로는 내가 나 자신의 것이 아니라 신실하신 구주 예수 그리스도께 소속되어 있다는 사실이다."

- 하이델베르크 교리문답 -

정확한 때에 이루어진 23시간의 수술

　1992년 6월, 나의 병세는 급격히 악화되었다. 서울아산병원의 정영화 선생님은 간경화의 진행 속도가 빨라져서 6개월 이내에 간이식 수술을 하지 않으면 안 될 것 같다고 조언했다. 그러면서 미국에 있는 자신의 은사에게 부탁해 미국으로 추천을 해 줄 터이니 가서 간이식 수술을 받으라고 권했다. 당시 우리나라에서는 간이식 수술이 불가능한 형편이었다. 나는 평소 전문가가 존중받는 사회가 건강한 사회라는 생각을 가지고 있었다. 그래서 정 선생님의 말씀을 기꺼이 따르기로 했다. 아내 역시 나와 함께 병원에 다니면서 주치의 선생님께서 말씀하시는 것을 꼬박꼬박 노트에 기록했고, 지시하는 사항은 그대로 실천하기 위해 노력했다. 그런 모습을 좋게 본 정영화 선생님께서 추천하겠다고 하신 것 같다.

　그런데 그해 9월, 정 선생님은 병원을 찾은 우리 부부에게 "미국이 아닌 한국에서도 가능하겠습니다"라고 말씀하셨다. 8월 28일에 수술 받은 간이식 환자가 회복 중에 있는데 경과가 좋다는 것이었다. 기증자가 나타나면 서울아산병원에서 한번 수술을 해 보자고 하셨다. 미국행을 권유하셨을 때 그랬던 것처럼, 이번에도 나는 흔쾌히 그러자고 했다. 나는 전폭적으로 그를 신뢰하고 싶었다. 아내는 담당 의사 선생님으로부터 나보다도 더 자세한 이야기를 듣고 있었다. 하지만 아내 역시 나를 위해 특별히 할 수 있는 것이 없었다. 하나님께 기도드리는 것 외에 다른 무슨 일을 할 수 있었겠는가?

10월 7일 수요일, 수요예배 후 담임목사님을 찾아갔다. 다른 사람은 몰라도 목사님에게까지 병에 대해 숨긴다는 것이 영 마음에 걸렸던 탓이다. 목사님과 사모님은 핏기 하나 없이 새하얀 내 손바닥과 계속 피가 나는 잇몸, 복수로 부풀어 오른 배를 안쓰러운 표정으로 쳐다보셨다. 나의 병에 대해 상세하게 말씀드리자, 목사님과 사모님은 안타까운 눈으로 바라보시며 내 손을 잡으시더니 뜨겁게 기도해 주셨다. 그동안 가족을 제외한 어느 누구에게도 병에 대해 말하지 않았던 것은 오로지 하나님만 의지하고 싶었기 때문이다. 히스기야처럼 낯을 벽으로 향한 채 오직 하나님만 바라보려던 내 마음을 하나님은 다 아시리라!

다음 날, 병원에서 전화가 걸려 왔다. 오후 5시경이었다. 서울아산병원 장기이식센터 하희선 코디네이터였다.

"간이식 수술 신청하셨죠? 기증자가 나타났는데, 6시까지 병원으로 오시기 바랍니다."

그때 나는 반포에 있는 사무실에 있었다. 전날 교회 일을 처리하느라 사무실을 비운 탓에, 일이 잔뜩 밀려 있었다. 담임목사님께서는 대만 중화선교신학원의 이사장직을 맡고 계셨는데, 이 신학원의 이동희 선교사님이 원주민 학생 20여 명을 데리고 우리 교회에서 서머스쿨을 열었다. 서머스쿨은 한 달 동안 진행됐고, 나는 해외선교분과위원장을 맡고 있어서 다른 위원들과 함께 학생들을 섬기는 역할을 하고 있었다. 학생들에게 서울 구경도 시켜 주고 밥도 사 주면서 한국에서의 생활이 불편하지 않도록 돕는 것이 우리의 일이었다. 학생들을 안내하고 집으로 초대해 식사 대접을 하다 보니 하루가 고스란히 날아갔던 것이다. 그렇게 정신없이 밀린 일들을 처리하고 있는데 갑자기 전화가 걸려 온 것이었다. 기도의 응답이 너무도 빨랐다. 나를 아시는 하나님이 정확한 때에 기도에 응답하셨다는 확신이 들었다. 사무실을 나서는 발걸음이 날아갈 듯 가볍게 느껴졌다.

아내와 함께 병원으로 향했다. 도착하니 이승규 교수님과 하희선 코디네이터가 나를 기다리고 있었다. 두 분으로부터 나는 검사와 수술에 대한 전반적인 설명을 들었다. 절차와 수술에 따른 위험 등 사전에 알아야 할 사항들을 간단하게 짚어 주셨다. 두 분은 미소 띤 얼굴로 자세하고 친절하게 설명해 주셨다. 그들의 미소 속에서 신뢰감과 안도감을 느꼈다. 병원으로부터 전화를 받았을 때, 순간적으로 '하나님이 나를 살려 주시는구나' 하는 느낌이 들었다. 마음 깊은 곳으로부터 그런 확신의 목소리가 울려 퍼졌다.

오후 6시부터 시작된 검사는 다음 날까지 계속되었다. 듣지도 보지도 못했던 온갖 검사가 이루어졌다. 가운으로 갈아입고 심전도 검사실부터 온 병원을 다 돌아다녔다. 그 사이 아내는 가까운 친구와 친척들에게 전화를 걸기 시작했다. 수술을 하기 위해서는 열 명의 혈소판 기증자가 필요하니 이들을 미리 대기시키라는 지시를 받았기 때문이었다. 길고 지루한 검사를 마치고 다음 날 오후 12시쯤, 병원 측으로부터 최종 간이식 대상자가 나로 결정됐다는 통보를 받았다.

당시 서울아산병원은 장기이식센터가 설립되어 이승규 교수님을 중심으로 한 간이식 수술 팀을 만들고, 이분들을 독일 하노버 대학으로 연수를 보내 간이식 수술과 관련된 부분들을 공부하도록 했다. 독일에서 공부하고 직접 이식 수술까지 마친 이 교수님은 92년에 귀국, 처음으로 세 명에게 간이식 수술을 시도했다. 그런데 그 수술의 세 번째 대상자가 바로 나였던 것이다.

9일 새벽 2시쯤이었던 것 같다. 검사가 계속 진행되고 있는데 남동생이 들어와 말했다.

"형, 형 친구 ○○가 계속 수술하면 안 된다고 말리는데 정도가 너무 심해."

나는 동생에게 그 친구를 데려오라고 했다. 그리고는 "걱정해 주어서 고맙지만 나는 하나님이 주시는 확신이 있어서 수술을 결심한 것이니 더 이상 주변 사람들을 혼란스럽게 만들지 말아 주었으면 좋겠다"고 이야기했다. 이승규 교수님이 지금처럼 세계 최고의 간이식 수술 명의로 알려졌더라면 그런 일이 없었을 것이다. 그때도 탁월한 실력자이셨지만 간이식이란 용어 자체가 일반인에겐 생소한 때라 벌어진 일이었고, 그 친구는 걱정이 많이 되어서 그랬던 것으로 생각된다.

이러한 주변 상황들과는 달리 나는 수술에 대해 전혀 걱정이 되지 않았다. 열왕기하 20장 7절 말씀을 보면 "이사야가 이르되 무화과 반죽을 가져오라 하매 무리가 가져다가 그 상처에 놓으니 나으니라"고 되어 있다. 이 말씀에 관한 주석은 하나님께서 당시의 의학으로 히스기야 왕을 치료해 주신 것으로 해석했다. '무화과 반죽'은 히스기야 왕 당시의 의술을 의미한다고 했다.

마찬가지로 하나님은 나의 기도를 들으시고 적절한 시기에 하나님의 사람을 보내 나를 치료해 주실 것이라는 확신이 들었다. 나중에 보니 이승규 교수님과 하희선 코디네이터는 신실한 그리스도인이었고, 이승규 교수님은 수술하기 전에 늘 기도하는 하나님의 사람이었다.

수술실로 간다며 옷을 다 벗기고 온몸의 털을 깎는데 섬뜩한 느낌이 들었다. '아⋯, 이제 내가 수술을 받는구나' 하는 생각과 함께 지나온 세월들이 주마등처럼 눈앞을 스쳐 갔다. 수술복을 입는데 갑자기 찬송이 한 곡 떠올랐다. 379장 '내 갈 길 멀고 밤은 깊은데'였다.

내 갈 길 멀고 밤은 깊은데 빛 되신 주
저 본향 집을 향해 가는 길 비추소서.
내 가는 길 다 알지 못하나
한 걸음씩 늘 인도하소서.

이전에 방탕하게 지낼 때 교만하여
맘대로 고집하던 이 죄인 사하소서.
내 지은 죄 다 기억 마시고
주 뜻대로 늘 주장하소서.

이전에 나를 인도하신 주 장래에도
내 앞에 험산준령 만날 때 도우소서.
밤 지나고 저 밝은 아침에
기쁨으로 내 주를 만나리. 아멘.

지금은 가사를 정확히 알지만, 당시는 1절과 2절의 가사를 서로 뒤섞어서 부른 것 같다. 2절과 3절을 계속해서 불렀다. 가사가 마음 깊이 파고들었다. 나의 삶 전체가 마치 이 한 곡의 찬송 안에 다 녹아 있는 것처럼 느껴졌다. 마취가 끝나고 의식을 잃을 때까지 이 찬송을 30~40번은 부른 것 같다. 눈을 감고 찬송을 부르며 수술실로 들어갔는데, 아내는 이 모습을 보고 '나에겐 눈조차 마주쳐 주지 않는구나' 하며 서운해 했던 모양이다.

수술대 위에 올려진 나의 배를 툭툭 치며 말하던 의사 선생님의 "아, 좋다" 하는 소리를 들으며 서서히 의식을 잃어 갔다.

"병에 걸리기 전까지는 건강이 얼마나 중요한지 모른다."

- 토마스 풀러 -

아내의 일기 I

남편으로부터 간경화라는 말을 들었지만, 사실 나는 그것이 무엇인지도 몰랐다. 평범한 가정주부였던 나는 그런 말을 처음 들었다. 간경화는 '간이 굳어지는 병'이라는 남편의 설명을 듣고서야 사태의 심각성을 이해했다. 심각하기는 했지만 무언가 대안이 있을 것이라고 생각했다.

남편을 혼자 두어서는 안 되겠다는 생각과 남편을 도우려면 나도 그 병에 대해서 알아야겠다는 생각에, 남편이 병원에 갈 때면 항상 따라다녔다. 약을 열심히 챙겨 주고 의사 선생님의 지시를 잘 따르며 남편의 건강을 돌보아 주었다. 주변에서 간에 좋다는 여러 가지 약재와 식품들을 챙겨 주셨지만, 선생님께 여쭤 보고 안 된다고 하시면 주지 않았다.

나름대로 정성껏 간호했는데, 어느 날 남편을 진단한 의사 선생님은 복수가 찬 것 같다며 엑스레이 촬영 등 각종 검사를 해 보는 것이 좋겠다고 권하셨다. 검사 결과는 3월에 나왔다. 결과를 확인하기 위해 병원에 가는 날, 남편은 회사에 중요한 일이 생겼다며 혼자 가 보라고 했다. 몸도 안 좋은데 좀 쉬는 게 좋지 않을까 생각은 했지만, 늘 그렇게 살아온 남편에게 딱히 뭐라 할 말도 없었다. 묵묵히 남편이 시키는 대로 혼자 병원으로 향했다.

엑스레이 사진을 들여다보는 의사 선생님의 표정이 어두워 보였다. 직감적으로 결과가 좋지 않다는 것을 느꼈다. 아니나 다를까, 의사 선생님은 복수가 찼고, 길어야 1년 6개월, 짧으면 1년밖에 살 수 없다고 말씀하셨다. 의사 선생님의 말씀이 잘 실감이 나지 않아 가만히 듣고 있다가 밖으로 나왔다. 약을 타기 위해 줄을 서서 기다리고 있는데, 어떻게 하나 생각하니 눈물이 주르르 흘러내렸다. 사람의 일생이 이렇게 끝나는가 싶었다. 남편이 너무 불쌍했다. 한번 쏟아지기 시작한 눈물은 봇물이 터진 듯이 걷잡을 수가 없었다. 고개를 들고 있어도, 고개를 숙이고 있어도 감당할 수 없을 정도로 눈물이 쏟아져 나왔다. 그런데 문득 이런 생각이 들었다: '나는 하나님을 믿는 사람이야. 어떻게 하나님을 믿는 사람이 하나님을 모르는 사람처럼 서서 울고 있는가. 나는 하나님을 믿는 사람인데!'

간신히 눈물을 참을 수 있었다. 거우 정신을 가다듬자 갈등이 찾아왔다. 남편에게 이 사실을 이야기해야 하나, 하지 말아야 하나. 남편이 받을 충격이 걱정스럽고, 차마 그 앞에서 입이 떨어지지 않을 것 같았다. 그렇다고 말을 안 할 수도 없었다. 언젠가는 알게 될 일이고, 무엇보다도 남편을 속일 수는 없는 노릇이었다. 갈

광질팡하며 혼란 속을 헤매고 있었다. 그런데 무엇보다도 이 일의 당사자는 남편이라는 생각이 들었다. 내가 아무리 아파한들 당사자의 아픔만큼이야 하겠는가 하는 생각이 들었던 것이다. 살날이 얼마 남지 않았다면 당연히 본인이 알아야 한다는 생각이 들었다. 그것은 남편의 권리였다. 충격을 받더라도 본인이 알고 나름대로 결정해야 할 문제였다. 남편에게 솔직하게 이야기하기로 마음먹었다. 하지만 도저히 내가 먼저 전화를 걸 용기가 나질 않았다.

그렇게 한참을 망설이고 있는데 남편으로부터 전화가 걸려 왔다. 결과가 어떻게 나왔느냐고 물었다. 가능한 한 침착하고 담담한 목소리로 의사 선생님으로부터 들은 이야기를 간략하게 설명해 주었다. 수화기 너머로 잠시 침묵이 흘렀다. 남편은 별다른 말없이 알았다며 전화를 끊었다. 나는 끊어진 전화기를 들고 수화기를 통해 들려오는 뚜, 뚜, 뚜 소리를 한동안 듣고 있었다.

마음이 무겁고 답답했다. 몸도 무거웠다. 다른 사람은 몰라도 친정어머니에게만은 이야기하고 싶었다. 전화를 걸어 "엄마, 병원에 갔다 왔는데, 준화 아빠가 간경화가 심해서 길어야 1년에서 1년 6개월밖에 못 산대"라고 말했다. 친정어머니는 잠시 아무 말씀이 없으셨다. 딸의 불행 앞에서 망연자실해 있을 어머니의 모습이 눈에 선했다. 하지만 늘 깊은 신앙인의 모습을 보여 주셨던 어머니는 곧 "그래, 알았다. 우리 기도하자. 오늘부터 철야 기도를 시작할 테니, 너도 기도해라. 우리는 하나님을 믿는 사람들이 아니냐. 함께 기도하자"고 말씀하셨다. 어머니는 매일 새벽예배에 나가서 기도하고 계셨는데, 그 후로는 철야 기도까지 하셨다.

어머니의 말씀에 따라 나는 기도하기 시작했다. 새벽예배를 다니면서 기도하기 시작했고, 집안일을 하면서도 틈이 날 때마다 무릎을 꿇었다. 그렇지만 누구에게도 남편이 아프다는 말을 할 수는 없었다. 누구한테든 그 말을 하고 나면 남편의 상황이 절망적이라는 것을 다시 한 번 내 마음에 확인시키는 결과가 될 것 같아 너무 무서워서 견딜 수가 없었다.

한번은 한 교우가 나를 보고 "안수집사님 데리고 병원 한번 가봐. 안수집사님 얼굴이 너무 검어" 하는데 나는 아무 대꾸도 할 수가 없었다. 그저 내가 할 수 있는 말은 "알았어요"라는 말뿐이었다. 가슴이 한없이 답답했다. 우울하고 현재의 상황이 견딜 수 없이 힘들었다. 그렇다고 그런 내색을 하기도 싫었다. 아무 일도 안 하고 가만히 집에 있어도 막노동이라도 한 양 온몸이 무겁고 힘들었다. 남편은 이제 자리에 앉을 때면 배가 조이는지 벨트를 조금씩 풀고 앉았다. 그런 남편의 모습을 볼 때마다 내 가슴은 철렁 내려앉았다.

그렇게 조마조마하고 답답한 또 한 달의 시간이 흘렀다. 4월 말이었다. 봄이 무르익고 있었다. 거리에는 신록이 푸르고, 어디선가 알 수 없는 꽃향기가 집안으로 흘러 들어오곤 했다. 햇살이 조금씩 따뜻해지자 아이들은 겨우내 입었던 두꺼운 옷 대신 화사한 봄옷으로 갈아입고 활기찬 모습으로 거리를 뛰어다녔다.

사람들의 마음에도 어느덧 푸른 물이 들어 가는 듯했다. 이 화창한 봄날이 남편과 우리 가족이 함께 보내는 마지막 봄이겠구나 생각하니 마음이 너무 슬펐다. 남편 손을 잡고 어디론가 여행을 떠나고 싶었다. 남편은 늘 회사 일과 교회 일로 바빠서 아이들이나 나하고는 함께할 수 있는 시간이 별로 없었기에…. 그러나 아픈 남편에게 여행하고 싶다는 말을 할 수는 없었다.

나는 늘 힘이 없었고 다리가 무거웠다. 머릿속은 안개가 낀 듯 늘 흐릿했다. 불안한 마음과 답답함이 거친 바람이 되어 나를 이리저리 뒤흔들었다.

어느 날 교회에 행사가 있어 참석했다가 집으로 돌아가는 길에 오 전도사님이 나를 불러 세우셨다.

"이 집사, 우리 집에 가서 차 한 잔 하자."

그러자고 하며 전도사님의 뒤를 따랐다. 함께 걷던 전도사님은 "이 집사, 사실 나 누구도 집으로 초대한 적 없어. 내가 사는 모습을 보여 주고 싶지 않아서 그랬어. 그런데 이 집사에게는 차 한 잔 주고 싶었어. 그래서 데려가는 거야" 하고 말씀하셨다. 그 말의 의미를 전도사님의 집에 도착해서야 비로소 이해했다. 전도사님은 단칸방에서 어려운 삶을 살고 계셨다.

차를 앞에 놓고 전도사님은 진지한 표정으로 물으셨다.

"이 집사, 나한테 숨기는 거 있지?"

순간 깜짝 놀란 마음에 "네?" 하고 되물었다. 그러자 전도사님은 차를 한 모금 마시고는 말씀하셨다.

"내가 꿈을 꿨는데, 그게 말이야, 음…. 이상준 안수집사님이 늪 같은 데 빠져서 목만 내놓고 허우적거리고 있는데, 이 집사는 밖에서 발만 동동 구르며 울고 있는 거야."

그 말을 듣는 순간, 나도 모르게 감정의 끈이 확 풀어지고 말았다. 일단 빗장이 풀어지자 그동안 내 마음속에 꽁꽁 묶여 있던 눈물이 한꺼번에 와락 쏟아졌다. 나는 전도사님 앞에서 엉엉 소리를 내며 펑펑 울었다. 남편이 아프기 시작한 이후로 누구 앞에서도 그렇게 운 적이 없었는데, 전도사님 앞에서 그만 무너지고 말았다. 억눌렀던 만큼 갑자기 분출된 감정은 그 진폭이 훨씬 컸다. 눈물이 온통 얼굴에 뒤범벅이었다. 앞이 잘 보이지 않았다.

남편의 병에 대해 그리고 남편이 길어야 1년 6개월밖에 못 산다는 이야기를 하면서 울고 있는데, 전도사님이 내 손을 잡으셨다. 따뜻한 손이었다. 전도사님은 가라앉은 목소리로 "이 집사, 기도하자. 나도 기도할게. 기도하면 되잖아. 울지 말고, 시편을 읽어 봐. 시편을 스무 번만 읽어. 그러면 하나님이 이 집사의 기도를 들어주실 거야" 하고 말씀하셨다. 나는 전도사님의 손을 잡고 그렇게 하겠다고 약속했다. 전도사님은 매일 시간을 정해서 기도하고, 성경 읽기와 기도의 비율을 50대 50으로 하라고 알려 주셨다.

집으로 돌아온 나는 저녁 식사와 설거지, 집안 정리를 마친 후 서재 겸 기도실로 향했다. 당시 우리 집은 별도로 방 한 칸을 내서 서재 겸 기도실로 쓰고 있었다. 나는 밤 10시 30분이 되면 아이들을 재우고, 집 안을 정리하고 손을 씻고 세수를 했다. 그리고 11시부터 12시에는 찬양과 함께 30분은 성경 말씀을 읽고, 30분은 기도를 했다. 매일 매일 똑같은 일이 반복되었다. 시편의 말씀들은 나의 간절한 기도문이 되었다.

노트에 하나님이 주시는 말씀을 하나하나 적어 가며 기도했다.

담임목사님께 남편의 병에 대해 말씀드리면서 남편에게는 말씀하지 마시라고 부탁드렸다. 교인들에게 소문나는 것도 싫다고 말씀드렸다. 목사님께선 간절히 기도해 주시며, 마음을 합해 같이 기도하자고 하셨다.

5월 13일, 하나님은 내게 시편 103편 13~14절 말씀을 주셨다.

> "아버지가 자식을 긍휼히 여김 같이 여호와께서는 자기를 경외하는 자를 긍휼히 여기시나니 이는 그가 우리의 체질을 아시며 우리가 단지 먼지뿐임을 기억하심이로다."

이 말씀을 붙들고 하나님께 기도드렸다.

"나의 체질을 아시는 하나님, 식도정맥이 터지면 피를 토한다고 하는데, 저는 정말 감당할 수 없으니 남편이 피를 토하지 않게 해주세요."

나중에 안 사실인데, 남편보다 먼저 수술을 받았던 환자는 식도정맥이 터져서 여러 번 응급실에 왔었다는 것이다. 하지만 남편은 그 환자보다 더 상태가 안 좋았는데도 식도정맥이 터지지 않았다고 의사 선생님께서 말씀해 주셨다. 우리의 작은 신음에도 응답하시는 하나님을 찬양한다.

그렇게 말씀을 붙들고 기도하는 시간이 이어지자 마음속에는 간절한 소망이 차곡차곡 쌓여져 갔다. 나는 하나님의 말씀과 기도속에서 조금씩, 조금씩 평정을 되찾고 있었다.

내가 다니던 교회는 당시 새로운 교회당을 건축 중이었다. 남편은 오랫동안 청년부 부장으로 섬기고 있었기에 매주 토요일마다 청년부원들이 우리 집에서 예배를 드리고 있었다. 처음 이 예배를 시작할 때 남편은 "직장 생활을 하는 청년들이라서 저녁에 오면 배가 고플 것"이라며 나보고 저녁 식사를 준비하라고 했다. 청년부원들은 20~30명 정도였다. 큰 걱정거리였다. 매주 무슨 반찬으로 어떻게 식사를 준비한단 말인가. 그래서 나는 하나님께 도와달라고, 어떻게 하면 좋겠느냐고 기도실에서 그리고 새벽예배에 갈 때마다 기도했다.

그러던 중 기도실에서 기도하던 어느 날, 하나님께서 아주 부드러운 음성으로 "너, 나를 위해서 할 수 없겠니?"라고 말씀하셨다. 그 음성을 듣는 순간 눈물이 쏟아졌다. 그래서 "하나님, 그래요. 저는 주님을 위해서라면 할 수 있어요"라고 대답한 후 마음이 평안해졌다.

분반공부 때문에 아이들 방도 개방해야겠기에, 매주 토요일마다 도우미 아줌마를 불러 청소를 부탁드리고, 나는 음식을 준비했다. 김치는 토요일에 맛있게 익도록 미리 담가 놓고, 반찬은 두 가지 정도만 준비했다. 한번은 닭다리 볶음을 하려고 슈퍼에 갔더니 닭다리 세일을 하고 있었다. 너무 감사했다. '하나님이 보고 계시는구나' 하는 것을 느낄 수 있어서 기쁘고 기뻤다.

2년 동안, 토요일마다 식사 준비를 하면서 나도 모르는 사이 마음속 깊은 곳에서 기쁨이 넘쳐났다. 그 후 우리 집에서 예배를 드리던 이 청년들은 남편에게 혈소판을 제공해 주었고, 나에게 큰 힘을 주는 기도의 후원자가 되었다. 당시에는 몰랐지만 하나님은 미리 계획하시고 준비시키셨던 것 같다.

정영화 선생님께서는 간이식을 받는 것이 사는 길이라고 하시면서 이식을 권하셨다. 그리고 이식을 원한다면 한국에서는 할 수 없으니 미국에 있는 병원을 추천해 주시겠다고 했다.

6월 23일, 병원으로 진료를 받으러 가는 날이었다. 나는 이날 아침부터 은근히 마음이 들떠 있었다. 그동안의 성경 읽기와 기도로 하나님이 내 기도를 들어주셨을 것이란 확신 때문이었다. 남편과 함께 병원으로 향하는 발걸음이 힘차고 가벼웠다. 그러나 나의 기대는 산산조각이 나고 말았다. 진료를 마치신 선생님께서는 상태가 급속도로 악화되고 있으며, 지금과 같은 상태라면 길어야 6개월, 짧으면 3개월밖에 살 수 없다고 말씀하셨다. 1년에서 1년 6개월이 몇 달 만에 6개월에서 3개월로 고무줄처럼 줄어 버린 것이다. 의사 선생님께서는 병세가 빠른 속도로 악화되는 것 같다고 말씀하셨다. 온몸의 기운이 다 빠져나가는 느낌이었다. 갈 때와는 달리 몸이 천근만근이었다.

'하나님은 나의 기도를 듣지 못하신 것일까?'

인간적인 실망감이 몰려왔다. 하지만 집으로 돌아온 나는 그날도 서재 겸 기도실로 향했다. 순간 예배 때 들었던 목사님의 설교 말씀이 생각났다. 하나님이 축복하시려고 하면 그 전에 반드시 사탄이 틈을 탄다고 하셨다. 사탄에게 빌미를 제공해서는 안 된다. 이 싸움은 반드시 이겨야 하는 싸움이었다. 나는 먼저 감사의 찬송을 한 곡 부르기로 했다. 429장 '세상 모든 풍파 너를 흔들어' 였다.

세상 모든 풍파 너를 흔들어 약한 마음 낙심하게 될 때에
내려 주신 주의 복을 세어라 주의 크신 복을 네가 알리라.

세상 근심 걱정 너를 누르고 십자가를 등에 지고 나갈 때
주가 네게 주신 복을 세어라 두렴 없이 항상 찬송하리라.

세상 권세 너의 앞길 막을 때 주만 믿고 낙심하지 말아라
천사들이 너를 보호하리니 염려 없이 앞만 보고 나가라.

찬송을 부르는데, 목이 메고 눈물이 나와 끝까지 부르기가 힘들
었다. 하지만 잠시 쉬었다가, 눈물을 닦아 가며 끝까시 나 불렀다.
그렇다. 주님께서 주신 복이 너무 많았다. 젖은 눈으로 성경을 펼
쳤는데, 그날 읽을 차례의 말씀이 시편 42편이었다.

"내 영혼아 네가 어찌하여 낙심하며 어찌하여 내 속에서 불
안해 하는가 너는 하나님께 소망을 두라 나는 그가 나타나 도
우심으로 말미암아 내 하나님을 여전히 찬송하리로다"(11절).

처음 눈에 들어온 구절이 11절 말씀이었는데, 그 순간, 마치 하
나님께서 나의 아픈 마음을 어루만지시는 듯 부드럽게 말씀하신다
는 확신이 들었다. 그리고 마음속에 기쁨이 일어났다: '아, 이것이

었구나! 하나님은 늘 나를 보고 계셨구나. 하나님이 나의 기도를 항상 듣고 계셨구나. 내가 하나님을 바랄 때 찬송할 수 있는 날이 오는 것이구나.'

이 말씀을 읽고 또 읽었다. 하나님의 따스한 위로의 말씀은 43편에서도 또 한 번 반복되어 나왔다. 기도를 시작했다. 하나님의 도우심을 구하던 기도는 어느새 하나님에 대한 찬양으로 바뀌어져 있었다.

나는 매일 밤 11시부터 12시까지 기도하고 새벽 4시 반에 일어나 새벽예배를 나갔다. 새벽예배에 참석해 기도할 때, "하나님" 하고 부르면 눈물이 쏟아져 기도를 할 수가 없었다. 눈만 감으면 눈물이 흘렀다. 하지만 남들이 볼까 봐 이를 악물고 눈물을 참았다. 그저 "하나님, 저의 남편을 살려 주세요"라고만 말씀드렸다. 하지만 흐느낌은 어쩔 수가 없었다. 아무리 참아도 저절로 흐느껴졌다.

그렇게 예배를 마치고 집으로 돌아오면 또 하루의 일상이 시작되었다. 아침 식사를 준비하고 아이들을 깨워서 학교로 보냈다. 그리고 교회에서의 여러 가지 일들, 바쁜 나날들이 이어졌다. 기도와 새벽예배, 교회에서의 일들, 집안일, 그리고 또 반복…. 남편은 거의 잠을 이루지 못했다. 나는 자리에 누우면 금방 잠들었지만, 새벽예배를 나가기 위해 일어나 보면 그때까지도 잠을 자지 못한 채 불면의 밤을 보내고 있었다. 7월의 쏟아지는 빗방울을 보면 그것이 모두 나의 눈물인 것만 같았다.

8월의 어느 날, 갑자기 남편은 말이 어눌해지더니 말을 잘하지 못했다. 남편도 당황하고 나도 가슴이 철렁했다. 다음 날 아침에 병원에 가니 간성혼수가 왔다고, 당장 입원하라고 했다. 입원해서 치료를 받았으나 남편의 상태는 점점 악화되고 있었다.

그렇게 몇 개월의 시간이 흐르고 10월이 되었다. 계절은 어느새 가을로 바뀌어 차가운 공기가 나의 마음과 몸을 더욱 춥게 만들었다. 고통의 시간 속에서도 계절의 흐름은 어김이 없었다. 시간의 흐름이 무상하기도 하고 야속하기도 했다. 시편을 열일곱 번 읽고 기도하면서 하나님의 위로를 얻던 중, 10월 8일에 병원에서 전화가 왔다. 기증자가 나타나서 이식을 할 수도 있으니 검사를 위해 병원으로 나오라는 것이었다. 바로 수술에 들어갈 수도 있으니 병원에서 생활할 수 있도록 필요한 것들을 챙겨 오라는 지시였다. 부랴부랴 가방을 챙기는데, 손이 덜덜 떨렸다. 간이식을 할 수 있을지도 모른다고 생각하니 좋기도 하고 겁도 나고 걱정도 되었다. 하나님의 도우심을 구하는 심정으로 남편과 함께 병원으로 향했다.

남편이 검사를 받는 동안 청주에서 시동생이 올라오고, 연락을 받은 남편 친구들이 병원으로 찾아왔다. 인사를 나누고 남편의 상태에 대해 이야기를 나누었는데, 남편의 친구 가운데 한 분이 간이식은 절대로 안 된다며 나를 설득하기 시작했다. 우리나라에서는 아직 간이식 수술이 초기 단계인지라 실험의 대상이 될 수도 있다며 수술을 해서는 안 된다는 것이었다. 하지만 나는 이식받기를 기도했고 의사 선생님을 신뢰했다. 병원에서는 간이식을 받아야만 살 수 있다고 했고, 기증자가 나타났다는 것은 기도의 응답이기도 했다. 이승규 교수님의 온화하고 평온한 얼굴을 떠올렸다. 그러고는 남편의 친구에게 말했다. 나는 간이식 수술이 하나님이 주신 기회라고 생각한다고.

검사 결과, 다행히 남편이 이식 대상자로 선정되었다. 수술 동의서에 서명을 하는데, 의사 선생님께서는 수술 성공률이 70퍼센트라고 하셨다. 순간 마음속에 '맹장 수술도 성공률이 100퍼센트는 아니지 않은가, 하나님이 하시면 반드시 성공할 수 있다'는 확신이 들었다. 서명을 하는데 마음이 평안했다.

시부모님께 전화를 드렸지만 도저히 솔직하게 이야기할 용기가 나지를 않았다. 그래서 그냥 큰 수술을 한다고만 말씀드렸다. 시부모님은 꼬치꼬치 캐묻지도 않으시고 그저 수술이 잘되었으면 좋겠다는 말씀만 하셨다. 친정어머니와 가족들 모두에게 상황을 설명하며 기도해 달라고 부탁했다. 모두들 깜짝 놀라시며 병원으로 달려오셨다. 담임목사님께도 전화를 드려 이식받기 위해 검사하는 과정이니 기도해 달라고, 그리고 열 명의 혈소판 기증자가 필요하다고 말씀드렸다.

이튿날 남편은 침대에 누운 채 수술실로 들어갔다. 수술 담당 의사 선생님께서는 17시간이 걸릴 것이라고 말씀해 주셨다.

수술실로 들어가기 전, 나는 남편 옆에 서서 눈이라도 한번 마주치기 위해 간절한 심정으로 남편의 얼굴을 쳐다보았다. 애틋하고 안타까운 심정이었다. 가능하면 남편에게 수술 잘 받고 건강한 모습으로 다시 보게 되기를 바란다는 간절한 마음을 눈빛에 담아 보내면서 사랑한다고 말하고 싶었다. 그리고 남편 역시 나와 같은 마음으로 나에게 다정한 눈빛이라도 한번 건네고 수술실로 들어가 주길 바랐다. 그런데 남편은 눈을 딱 감고는 그냥 수술실로 들어가 버렸다. 섭섭했다. 저 사람은 도대체 저럴 만큼 믿음이 좋은 건지 아니면 정말 똥배짱인지 모르겠다는 생각이 들었다. 게다가 수술 실에 들어가는 사람이 병원의 신 집사님을 불러, 이동희 선교사님 부친이 수술을 해야 하는데 잘 도와주라고 부탁하면서 이것저것 신경 쓰는 모습을 보고는 어이가 없다는 생각마저 들었다. 자신의 목숨이 오락가락하는 판인데, 도대체 저런 배짱이 어디서 나오는 지 정말 이해하기 힘들었다.

일단 점심을 먹고 기다려야 할 것 같아서 식당으로 내려가 국밥을 시켰다. 밥알이 모래알 같을 수도 있다는 것을 그때 처음 알았다. 밥알이 까칠까칠해서 도저히 삼킬 수가 없었다. 그래서 그냥 국물만 먹고 병실로 올라왔다. 교회 성도들은 얼굴이 검어서 간이 안 좋은가 보다 생각은 했지만 이 정도일 줄은 몰랐다며 깜짝 놀라서 병원으로 달려오셨다. 담임목사님, 오 전도사님, 집사님들이 오셔서 기도하고 위로해 주고 가셨다. 청년부원들도 몰려와서 한참을 울었다. 그들은 돌아가서 매일 밤마다 교회에 모여 남편을 위해서 중보기도를 했다. 정말 사랑스럽고 고마운 청년들이었다. 그날 밤 나는 의자에서 푹 잤다. 잠자리도 불편하고 남편은 수술실에 들어가 있었는데도 나는 어쩐 일인지 한번 눕자 세상모르게 잠들어 버렸다.

그렇게 달게 자고 수술실 앞에서 남편을 기다렸다. 그런데… 이상했다. 분명히 수술은 17시간이 걸린다고 했는데, 남편은 도무지 수술실에서 나오지를 않았다. 17시간이 지나고, 18시간… 19시간… 20시간이 지났는데도 남편은 나올 생각을 하질 않았다. 불안감이 엄습해 오기 시작했다. 엉뚱하게도 과거에 보았던 연속극들이 떠오르면서 수술이 잘못되었을 때 수술실에서 늦게 나오는 장면들이 연상되기 시작했다. 신 집사님에게 어떻게 된 거냐고 물어보았지만, 그분 역시 별다른 이야기를 해 주지 못하셨다. 어떻게 해야 좋을지 도무지 알 수가 없었다. 너무나 걱정되고 눈물이 나오려고 해서, 다른 사람들의 눈을 피해 비상구로 나갔다.

비상계단의 구석에 서자 눈물이 쏟아져 내렸다. 당황스런 불안감 속에서 하염없이 울고만 있었다.

'무엇이 잘못된 것일까? 짧아도 사는 데까지 그냥 살도록 둘 걸 그랬나?'

별생각이 다 들었다. 그렇게 눈물을 흘리고 있는데, 밑에서부터 또각또각 올라오는 구두소리가 들렸다. 황급히 눈물을 닦고 얼굴을 매만지고 있는데 구두소리가 내 앞에서 딱 멈추었다. 오 전도사님이셨다.

"이 집사, 왜 그래? 걱정하지 마. 다 잘될 거야. 하나님이 이 집사 사랑하시잖아. 어쩐지 같이 온 집사님들은 엘리베이터를 타고 올라가는데 나는 이상하게 계단으로 올라가고 싶더라니…."

전도사님의 말씀을 듣고 보니 그 말씀이 옳았다. 눈물을 닦고 전도사님과 함께 다시 수술실 앞으로 갔다.

무려 23시간의 대수술이 끝났다. 이승규 교수님께서 수술이 잘됐으니 걱정하지 말라고 말씀해 주셨다. 안도감이 밀려왔다. 긴장이 풀리자 잠시 현기증이 느껴졌다. 다리에 힘이 하나도 없었다. 잠시 후 간호사를 따라 중환자실로 갔다. 남편이 있는 곳은 사방이 유리로 막혀 있는 '무균실'이었다. 나는 무균실 밖에 서서 유리 너머로 남편을 보았다. 23시간의 힘들고 어려웠던 수술을 말해 주듯이, 남편 몸에는 여러 종류의 기계들이 부착되어 있었다. 그 모습을 보는 순간, 안도감과 함께 기쁨이 온몸으로 밀려들었다.

'살, 았, 구, 나….'

새로운 활력이 온몸을 타고 솟아나는 것만 같았다. 잠시 후 남편이 눈을 떴다. 신 집사님과 나는 몇 분의 의료진과 함께 손가락으로 V자를 보이며 웃었다. 남편도 우리를 보며 웃었다.

"하나님, 나의 기도에 응답하신 하나님, 정말 감사합니다."

그때의 남편 모습을 떠올리며 남편이 평소에 좋아하던 시 한 편을 소개하고 싶다.

목마른 사슴

무엇이나 얻을 수 있는 힘을 달라고 하나님께 구했으나
나는 약한 몸으로 태어나 겸손히 복종하는 것을 배웠노라

큰일을 하기 위하여 건강한 몸을 구하였으나
도리어 병을 얻어 좋은 일을 할 수 있게 되었고

부를 얻어 행복하기를 간구하였으나
나는 가난한 자가 됨으로써 오히려 지혜를 배웠노라

한번 세도를 부려 만인의 찬사를 받기 원했으나

세력 없는 자가 되어 하나님을 의지하게 되었고

생을 즐기기 위해 온갖 좋은 것을 바랐으나

하나님은 내게 생명을 주사

온갖 좋은 것을 즐길 수 있게 하셨다

내가 바라고 원했던 것은 하나도 받지 못하였으나

은연중 나는 희망한 모든 것을 얻었나니

나는 부족하되 내가 간구하지 않은 기도까지

다 응답되었으며

이제

나는 많은 사람들 가운데 서서

가장 충족한 축복을 입었노라

- 미국 남북 전쟁 시 남부의 무명 군인 -

다시 태어난 감격

보글보글 물이 올라오는 소리가 처음에는 희미하더니 점차 뚜렷해지면서 이제는 제법 크게 들린다.

'이것이 도대체 무슨 소리일까? 생명의 소리다. 여기가 어디일까? 천국인가?'

가까스로 눈을 떴다. 빛이 쏟아져 들어왔다. 서서히 형광등이 보이고 칸막이도 보인다. 천장이 보이고 나는 침대에 누워 있다. 저 멀리 많은 침대들이 보인다. 넓은 중환자실 한 모퉁이에 무균실을 만들어 놓았는데, 나는 그 안의 높은 침대 위에 누워 있었다. 각종 의료기기가 보였고 몸에는 무엇인가가 주렁주렁 달려 있었다.

'아, 수술 후 병실이구나.'

유리창 밖으로 아내와 신대식 집사님, 그리고 의료진들이 보였다. 유리창 밖에서 손가락으로 V자를 만들어 보이며 환하게 웃는다.

'아, 살아났구나!'

나도 웃었다. 고마운 사람들이다. 눈물이 흐른다. 수술실에 들어가며 부르던 찬송가 가사가 생각났다. 길 비추시고, 한 걸음씩 인도하시고, 험산준령 당할 때 도우시고…. 이 힘든 수술이 아마도 험산준령이었나 보다.

'아, 하나님!'

하나님께서 나의 부모님보다도 더 오래 살게 해 주셨구나. 눈물이 또 흐른다.

보글보글 물이 오르는 소리는 왼편에 있는 '석션'이라는 기구에서 나는 소리였다. 그 소리가 정겨웠다. 23시간 수술을 했다고 알려 준다. 이승규 교수님이 오셨다.

'어떻게 23시간을….'

감사의 눈물이 흘러내리는데, 이승규 교수님은 환한 미소를 지으며 수술이 잘되었으니 걱정하지 말라고 격려해 주신다.

하루 저녁 자고 나서 깨어났는데, 하반신에서 무엇인가 묶였던 것이 툭툭 터지는 것처럼 팽창하면서 힘이 솟는다. 간의 기능이 회복되었나 보다. 긴 겨울을 지내고 봄을 맞아 흙을 뚫고 나오는 힘찬 생명의 새싹처럼, 가슴 벅찬 기쁨의 감격이다.

아이들이 병실로 찾아왔다. 유리창 밖에서 나를 쳐다보는 아이들의 눈이 놀란 눈이다. 왜 또 눈물이 흐르는지…. 나는 하나님께 저 녀석들 크는 것은 보아야 한다며 신음 섞인 기도를 드렸었다. 웃자. 멋있게 살자. 상처 난 조개가 진주를 품는다고 했다. 진주이자 보배인 아이들과 함께 살 생각에 힘이 솟는다. 감격이다.

사이코시스와 종이학

무균실에서 이틀째이다. 궁금한 것이 참 많은데, 아내 보기가 쉽지 않다.

12시 면회 시간에 아내가 들어왔다. 너무너무 신이 난 표정이다. 바빠 죽겠단다. 찾아오는 사람들이 너무 많다는 것이다. 교회 청년들이 와서 한동안 울고 갔단다. 자신들이 너무 속을 많이 썩여서 부장님의 간이 더 악화되었다며 울었다는 것이다. 이정익 회장님도 찾아오셔서는 며칠 전 점심 식사도 함께했는데, 이게 무슨 일이냐며 놀라워하셨다고 한다. 그 외에도 많은 사람들이 '얼굴이 검어서 간이 안 좋은가 보다' 했는데, 간이식 수술이 정말 가능한 것이냐고 놀라워하면서 왔다 가셨다고 한다.

한 시간마다 피검사를 해서 그 검사 결과를 커다란 종이에 기록하여 무균실 유리창에 붙여 놓으면 의료진들이 수시로 그 종이를 들여다보고 가곤 했다. 그런데 30~40대 여자들(외부에서 온 의사 및 간호사들) 여섯 명이 그 기록을 보면서 나를 쳐다보는데, 마침 간호사가 나의 환자복을 벗기고 수술 부위 소독을 하고 있었다. 나는 거의 벌거벗은 상태였다. 그 간호사들은 내가 가르치는 우리 청년들 또래다. 순간적으로, 이런 모습을 보여 주면서까지 살아야 하나 하는 수치심이 들었다.

그때부터 3일간 나는 '사이코시스'라는 의학명(名)의 환상 세계를 헤매었다. 나의 간을 다 떼어 내고 다른 간을 이식하면 내 몸의 면역체계가 새로운 간을 이물질로 알고 공격한다. 이때 공격하지 못하도록 면역억제제를 투여하는데, 사이코시스는 이를 과다 투여하는 과정에서 생기는 일종의 신체 반응이다.

내 몸은 깊은 산속으로 옮겨져 있었다. 남묘호렌게쿄 사람들 여섯 명이 와서는 성경을 놓고 변론을 하자고 한다. 한참 설전을 벌이다 내가 "나는 말씀이 진리라고 선서한 사람"이라고 하자 이들은 사라져 버렸다.

나의 몸은 다시 어느 대학교의 축제 현장으로 옮겨졌다. 학생들은 나를 관 속에 넣어 놓고는 두 패로 나뉘어져 내 삶을 평가하고 있었다. 한 무리는 내가 너무 가증스럽게 살았다며 죽여야 한다고 하고, 다른 한 무리는 아니다, 얼마나 선하게 살려고 노력했는지 모른다며 살려야 한다고 한다.

그때마다 아내가 나를 깨웠다. 내가 이곳이 산속이라고 했다가, 대학교나 창경궁이라고 헛소리를 할 때마다 아내는 "아니다, 여기는 병원"이라며 고쳐 줬다. 정겹게 들리던 석션의 보글보글 소리가 갑자기 사탄을 찬양하는 음악으로 바뀌었다. 아내에게 석션을 가리키며 이것 좀 빼라고 하니, 안 된단다.

목사님께서 오셨다. 나를 위해 기도해 주시고 나서야 그 소리가 사라졌다. 그런데 갑자기 공산군이 쳐들어왔다. 병원의 모든 사람들이 도망을 가는데, 우리 부부는 도망을 못 가 잡히고 만다. 공산군이 칼로 나와 아내의 이곳저곳을 찔러 피가 솟구친다.

아내가 나를 또 흔들어 깨웠다. 내가 아내의 배를 만지며 괜찮으냐고 묻자 아내는 어이없어했다.

그렇게 환상 속을 헤맨 지 3일째. 내가 밤에 가지 말라고 아내를 잡았더니 병원 측은 간호사만 있을 수 있는 무균실에 아내도 상주할 수 있게 허락했다. 수술 후 인공호흡기를 입에 끼워 턱이 너무 아팠다. 이틀 후 인공호흡기를 떼니 너무너무 시원하다. 그런데 이번에는 호흡이 잘 안 되었다. 호흡이 제대로 안 되면 폐렴에 걸릴 위험이 크다며, 폐렴에 걸리면 위험해지기 때문에 나더러 힘을 내서 열심히 호흡운동을 하란다. 호흡을 하다 힘이 들어 잠시 쉬면 뒤에 있는 기계가 "뚜, 뚜" 하는 소리를 냈다. 그러면 남자 한 분이 들어와 호흡운동을 도와주었다. 그래서 그분을 자주 찾게 되었고, 그분이 오시면 숨을 쉬기가 편해 반가워했다.

다시 잠이 들었다. 우리 가족이 교회에서 특송을 하는데, 나와 비즈니스로 인해 알게 되었지만 간경화로 죽은 남자가 나타났다. 그는 앞자리에 앉아서 우리 가족의 특송을 듣고 있던, 내 호흡을 도와주던 남자의 목을 잡고는 끌고 갔다. 나는 "저 놈 잡아라" 하고 소리를 쳤다. 숨이 쉬어지지 않았다. 죽을 것만 같았다.

아내가 놀라 "사탄아 물러가라" 소리 지르며 20여 분간 기도했다. 무균실 안이라 밖에서는 안에서 어떤 일이 벌어지고 있는지 전혀 알지 못했다. 그러다가 "휴~" 하고 숨이 쉬어지며 잠이 들었다. 그런데 갑자기 중환자실 전체가 사라지면서 밝은 빛이 나를 비추었다. 무균실 유리에 많은 그림이 걸려 있었다. 승리의 축제란다. 나는 간호사와 아내의 손을 잡고 식사하러 가자고 이끌었다. 레스토랑의 문을 열자 지금까지 보지 못했던 화려하고 아름다운 광경이 눈에 들어왔다. 그리고 잠이 깨었다.

눈을 뜨니 창문이 보였다. 누군가 창문에 고고함과 장수를 상징하는 종이학 수십 마리를 접어서 곱게 붙여 놓았다. 아름답다. 이승규 교수님이 오셔서 방금 채혈한 검사 결과를 보시더니 수치가 완벽하다면서 먹고 싶은 것이 있으면 다 먹으라고 하신다.

"불행을 고치는 약은 오직 희망밖에 없다."

- 셰익스피어 -

아내의 일기 II

신 집사님 말씀에 의하면 수술하는 동안 병원의 부원장으로 계신 홍창기 선생님께서 몇 번 오셔서 수술 진행 과정을 여쭤보셨다고 한다. 홍창기 선생님의 사촌 동생 아들인 고3 학생이 갑삭스런 사고로 뇌사자가 되어 눈 둘, 신장 둘 그리고 간을 제공했단다. 다른 수술은 첫날 끝났기에 마지막 간이식이 잘되기를 바라시며 계속 관심을 가지고 지켜보셨다고 한다.

기증한 학생을 생각하니 가슴이 아파 온다. 그 부모님의 마음은 어떠실까. 다섯 명에게 새 생명을 주신 그 귀한 마음에 가슴 저림과 고마움으로 눈물을 흘리며 '나라면 가능할까?' 하고 생각했다. 그래서 그 아름다운 사랑을 나도 배우고자 결심하여 후일 '사랑의 장기기증운동본부'에 장기 기증 서약을 했다.

가족과 친지들은 '현대 의학으로 간이식이 가능하긴 한 걸까?' 하는 마음에 이런저런 걱정을 하며 병원으로 달려왔다. 교회 목사님과 성도 분들도 오셨다. 감사와 흥분이 가득하여 너무 바빴다.

중환자실 면회는 하루에 두 번이었다. 이틀 후 면회 시간이 되어서 남편을 면회하기 위해 중환자실 복도를 걸어가다가 박광민 선생님을 만났다. "괜찮습니다. 괜찮습니다" 하시면서 웃으며 지나가셨다. 무슨 말인지 모르겠어서 고개를 갸우뚱하면서 중환자실로 들어가 남편을 보니 그 말을 이해할 수가 있었다. 잘 웃고 평안해하던 모습은 어디로 가고, 남편은 다른 사람 같았다. 눈동자가 풀어진 것이 꼭 정신 나간 사람 같았다. 선생님께서는 '사이코시스' 이니 걱정 말라 하시면서 환자의 안정을 위해서 중환자실 안에 있는 무균실에 수술복 입고, 모자 쓰고, 손 씻고 언제든지 들어가도 좋다고 말씀하셨다. 그리고 환자가 지금은 조금 혼미한 상태이니 여기가 어디인지를 물어 병원이라고 할 때까지 흔들며 말을 시키라고 하셨다.

남편은 손발이 묶인 채 침대에 누워 있었다. 여기가 어디냐고 물으면 남편은 산속이라고도 하고 어떤 때에는 창경궁이라고도 했다. 그래서 창경궁에서 뭐 하냐고 물으면 나하고 소풍 왔다고 했다. 기가 막혔다. 또 남편은 나를 슬픈 눈으로 쳐다보면서 "당신은 지금 속고 있어. 우리 둘만 남겨두고 의사와 간호사들이 계단으로 내려가고 있어"라고 말하면서 자기 다리에서 피가 철철 난다고 해서 보니, 수술할 때 바른 약 자국이었다. 그래서 그렇지 않다고, 여기는 병원이라고 얘기하면 남편은 고개를 돌렸다. 또 너무도 슬픈 표정을 지으면서 자기는 팔다리가 묶여 있어서 죽을 것 같으니 풀어 달라고 애원을 했다. 그래서 간호사에게 부탁해서 조금 풀어 주었더니 순식간에 주사 바늘을 뽑아 버렸다. 불순물을 제거하는 석션을 보며 그것을 꺼 달라고 조르기도 했다. 어떤 때에는 나의 몸에 피가 흐르고 있다고도 하고…. 내가 보기에는 남편의 정신이 멀쩡하기도 하고 때로는 이상하기도 했다.

3일째 되던 날, 남편은 나한테 어디에서 자는지를 물었다. 그래서 밖에서 잔다고 하니까 오늘 밤은 여기에서 자라고 한다.

'몸을 기댈 수 있는 건 지금 앉아 있는 의자 하나뿐인데….'

나는 그러겠다고 대답하고는 계속 그곳에 머물렀다. 밖에는 간호사도 없고 어느새 시간은 밤 12시가 넘어 있었다. 그런데 남편이 갑자기 목을 잡더니 "저 놈 잡아라!"라고 소리치며 숨 쉬기를 힘들어했다. 내가 누구냐, 누군지 알아야 잡지 않겠냐 하고 묻자 김○○ 씨라고 했다. 김○○ 씨는 남편이 사업상 만난 사람으로, 간경화로 죽은 사람이었다. 나는 순간 사탄이라는 생각이 들었다. 하지만 사탄은 방언에 약하다고 성경공부 시간에 배운 것이 생각나면서 담대해졌다. 그래서 남편을 붙들고 눈을 똑바로 쳐다보며 "예수의 이름으로 명하노니, 사탄아 물러가라!"라고 명령하면서 기도하고 또 방언으로 기도하기를 20여 분 했더니 남편은 "후~" 하고 숨을 길게 쉬면서 잠이 들었다.

지고 일어난 후 남편은 무균실의 유리벽을 보면서 여기에 많은 그림이 걸려 있다고 했다. 그림의 주제가 무엇이냐고 물으니 승리를 주제로 한 그림이라고 했다. 무슨 색이냐고 물으니 처음 보는 색이란다. 무슨 색일까 궁금했다. 천국에는 우리가 보는 색 이외에 다른 어떤 색이 있는가 보다 생각했다. 하나님은 이렇게 일어날 일

을 아시고 시편을 읽으며 미리 기도하게 하셨나 보다 하는 생각이
들었다.

선생님께서 첫날에는 열 명, 그리고 매일 두 명 분의 혈소판이
필요하다고 하셔서 시동생과 교회에 알렸다. 시동생이 데려온 친
구 한 분이 혈소판을 넣어 주셨는데 그 친구 분의 혈소판을 확인한
간호사가 이렇게 깨끗한 혈소판은 처음 본다며 놀라워하였다. 또
담임목사님께서는 부목사님 책임하에 교회 청년부원들이 하루 전
에 피검사를 하게 한 후 혈소판을 계속해서 넣어 줄 수 있도록 도
와주셨다. 어떤 청년은 중간고사 시험 기간임에도 불구하고 와서
혈소판을 제공해 주었다. 그 바람에 그 시간 내내 한 손에는 주사
바늘을 그리고 다른 한 손에는 책을 들고 공부를 한 후, 내가 빵과
우유를 주며 고맙다고 하자 연신 아니라고 하며 학교로 얼른 뛰어
가기도 했다. 한 뚱뚱한 청년은 뚱뚱해서 혈소판을 뺄 수 없다고
하자 자기는 부장님께 피도 못 드린다며 울기도 했다. 청년부원들
은 매일 밤마다 모여서 기도한다고 했다. 간호사는 누군가가 각본
을 써 놓고 움직이는 것 같다고 했다. 하나님이 하신 일이다. 삼호
교회 안종대 목사님과 성도들, 시흥교회 김용식 목사님과 성도들,
시댁의 신성교회 최재권 목사님과 성도들, 남편의 친구들, 그리고
그 외에 많은 분들이 오셨다.
비가 무척 많이 오는 날이었다. 저녁을 뭐 먹을까 생각하며 밖
을 보고 있는데, 교회 조 집사님 내외분이 나와 저녁을 같이 먹기
위해 일부러 또 오셨다. 너무 감사하고 또 감사했다. 비도 이렇게

많이 오는데 여기까지 오시다니⋯. 밥이 아닌 사랑을 주기 위해 오신 것이리라.

퇴원 후 새 교회당에서 이루어진 첫 청년부 모임을 다녀온 남편의 얼굴이 환했다. '청년부원들을 만나면 저렇게 좋을까' 생각했다. 18세 청년의 간을 받았다며 청년들이 케이크에 열여덟 개의 초를 꽂아 축하해 주었다고 한다. 남편은 눈물이 나왔다고 하면서 왜 이렇게 눈물이 흔해졌는지 모르겠단다. 남편 얼굴에 피로 맺은 혈맹들에 대한 애틋한 사랑과 감사의 표정이 역력하다.

이듬해인 93년 봄, 남편은 자기 몸이 정상인가를 테스트해 보고 싶다고 해서 설악산 등반을 갔다. 울산바위의 그 많은 계단이 힘들어 나는 중턱에서 쉬었는데, 남편은 끝까지 올라가 정상에서 바다를 보고 내려왔다. 얼굴은 만족감으로, 그리고 꿈꾸는 내일에 대한 도전과 감사로 가득해 보였다. 행복이란 바로 이런 것인가 보다.

93년 가을, 남편은 담임목사님과 해외선교분과 위원들과 함께 대만 중화선교신학원 졸업식에 다녀왔다. 원주민 신학생들과 함께 지내던 중 간이식 수술 얘기를 들은 그들은 자기 형제가 다시 건강을 되찾은 것처럼 반가워하더니, 밤에는 남편 방에 찾아와 볼링장에 가자고 해서 같이 가서 성거운 시간을 나누었다며 기분 좋게 이야기했다. 너무 고마웠다. 가능하다면 선교사로서의 새 삶을 살고 싶은데, 계속 병원에 다녀야 하니 어떻게 해야 할지 모르겠다며, 새 일을 위해 기도하는 남편의 모습이 행복해 보인다.

이승규 교수님

2008년 12월, 미국의 ABC 방송은 이승규 교수님의 수술 팀을 특집으로 방영했다. 2008년 한 해 326명이라는, 전 세계를 통틀어 가장 많은 간이식 수술을 성공적으로 진행했다는 것이다. 이 방송 국뿐만 아니라 한국의 모든 매스컴들도 이승규 교수님을 소개하면 서 '한국의 드림팀', '최고의 칼잡이', '세계 최초로 듀얼 간이식 (제공자 2인의 간을 한 환자에게 이식하는 것)을 성공시킨 의사' 등 다양한 수 식어를 사용하여 칭송하였다. 이런 훌륭한 분이 나의 간이식 수술 을 집도하셨고, 주치의이시며, 무엇보다 가까이 지내며 대화를 나 눌 수 있으니 큰 복을 누리고 산다는 감사함이 있다.

2007년 10월 9일, 감사하게도 서울아산병원에서 나의 간이식 수술 15주년 기념식을 마련해 주어서 전 스태프들과 함께 식사를 나누었다. 이승규 교수님에게 감사의 말씀을 드렸더니 오히려 "15 년 동안 건강하게 살아 주셔서 감사하다"고 말씀하신다. 그러면서

"그때 어떻게 나를 믿고 몸을 맡겼느냐"며 수줍게 물으셨다.

이 교수님은 92년도에 세 사람의 수술을 집도하셨는데, 첫 수술 환자는 무려 31시간을 수술하셨다고 한다. 그러나 최선을 다했음에도 불구하고 그 환자는 세상을 떠났다. 집으로 돌아간 이 교수님은 너무 억울해서 사모님 무릎에 얼굴을 묻고 엉엉 소리를 내며 통곡하셨다고 한다. 지금은 스태프들과 함께 나누어 수술하시지만 그때는 혼자 장시간 동안 수술하셨기에 생명에 대한 뜨거운 열정이 아니고는 불가능했으리란 생각이 든다. 하지만 92년 8월 말에 두 번째로 수술한 환자가 8년을 살았고, 92년 10월 9일에 수술한 내가 24년이 넘도록 이상 한 번 없이 건강하게 살고 있다.

이 교수님은 두 번째와 세 번째 수술이 성공하지 못했다면 아마 수술을 포기했을지도 모른다고 하시며 다리의 정강이 부분을 걷어 보이셨다. 너무 오래 서서 수술을 해 오신 탓에 이 교수님의 정강이는 핏줄이 터져 그 부위를 거즈로 두르고 계셔야 했다. 마음이 찡하다. 생명에 대한 이런 숭고한 열정과 통곡하시는 집념이 세계 최고의 간이식 의사를 만들어 냈나 보다.

92년, 중환자실 한 모퉁이의 무균실에서 일반 병실 1인실로 병실을 옮겼다. 일반 병실이었지만 병실의 모든 출입자들이 마스크를 쓰고 소독한 수술복을 입고 출입을 했다.

이 교수님은 일요일이면 교회에서 예배를 드리고 오후에는 꼭 병실에 찾아오셔서 한참 동안 이야기를 나누다가 가시곤 했다. 그때 이 교수님과 함께 나눈 이야기가 수술 후 내 삶의 방향을 정하는 데 결정적인 계기가 되었다.

일본의 어느 외과 의사는 퇴임한 후에도 수술을 하다가 세상을 떠났는데, 이 교수님도 그 외과 의사처럼 '수술하다가 죽는 것이 소망'이라고 하셨다. 교수님의 그 말씀은 '새 생명을 얻었으니 이제는 어떻게 살아야 하나, 어떻게 살아야 하나님께서 내 인생을 전략적이고 효율적으로 사용하실 수 있을까'를 고민하며 많은 생각을 하는 나에게 방향을 제시해 주었다. 그때 나는 회사 일과 복음 전하는 일 중 하나를 놓고 고민하고 있었는데, 교수님의 말씀을 듣고 "그렇다, 열정을 다해 풀타임으로 복음 전하는 삶을 살아 보자. 새 삶! 새 인생의 꿈을 펼쳐 보자"는 결심을 하게 되었다. 이 방향이 수술전 기도 제목과도 일치한다고 생각했다.

퇴원하던 날, 이발사가 병실에 와서 이발을 해 주었다. 병원 13층 식당에서 조촐한 파티가 열렸는데, 마침 이승규 교수님이 연수를 받으셨던 독일 하노버 대학의 교수님 내외분이 그 자리에 동석하셨다. 내가 이승규 교수님께 커피를 마셔도 되느냐고 묻자 교수님께서는 다시 그 독일인 교수님에게 물으셨다. 그랬더니 "커피도 못 마시면 무슨 재미로 사느냐"고 하시면서 "마음 놓고 마시라"고 해서 환하게 웃으며 맛있게 커피를 마셨던 기억이 난다.

나는 종이학을 접어 무균실에 붙여 주었던 여자 인턴을 찾아 감사의 마음을 담은 꽃다발을 전했다. 이 교수님은 그 모든 광경을 흐뭇하게 지켜보셨다. 퇴원을 하면서 다짐했다.

'성경에 나오는 열 명의 한센병 환자 중 한 명처럼 감사하는 삶을 살자. 평생 이 병원에서 진료를 받아야 할 텐데, 병원에 다니는 것이 짜증스러우면 내 인생이 짜증스러워질 것이다. 기쁘게 감사

하는 마음으로 병원을 다니자.'

이승규 교수님은 지금도 "내가 하는 게 아니라 내 안에 있는 누군가가 나를 쓰시는 것 같다"며, 늘 기도하시며 겸손한 자세로 생명에 대한 사랑과 열정을 다하신다. 특별히 함께하는 팀원의 가정에 늘 미안해하신다. 간이식연구회 회장으로, 이식학회 이사장으로도 수고하셨던 선생님은 늘 위급한 환자에게 기증자가 없다며 안타까워하신다. 나도 15년여 동안 간이식인회 회장으로서 1만여 회원들과 함께 '뇌사자 장기 기증 시스템'이 만들어질 수 있도록 장기 기증 운동을 전개하고 있다. 이를 통해 이승규 교수님의 뜻에 동참할 수 있어 기쁘다.

오늘도 교수님의 그 해맑은 웃음 속에 담긴 생명에 대한 숭고한 열정에 사랑과 존경을 보내며, 몇 년 전 이식 환자들의 수기 공모에서 대상을 수상한, 양종현 회원이 이승규 교수님을 예찬한 시 한 편을 싣는다.

지는 해를 보면서
살아 있다는 생각에
가슴이 뭉클해집니다.
벼랑 끝에서
다시 태어난 기쁨에
때로는 눈시울을 적십니다.

"석양이 아름다운 건

노을을 품고 있기 때문이고
사람이 아름다운 건
사랑을 머금고 있기 때문이다."

석양은 하루를 마감할 때
그 붉은 빛으로 내일을 기약하고
사랑은 뜨거운 가슴에서
샘처럼 끊임없이 솟구칩니다.

태양이 없다면
암흑만이 있을 것이고
사랑이 없다면
미움만이 있을 것입니다.

아시는가요
아산엔
태양같이 뜨거운
사랑을 간직한 분이
계시다는 것을….

제2부

생명으로 생명을

Evidence of Hope

추위에 떨어 본 사람일수록 태양의 따뜻함을 느낀다. 인생의 고뇌를 겪은 사람일수록 생명의 존귀함을 안다.

- 월트 휘트먼(Walt Whitman) -

Evidence of Hope

1. 육체의 생명으로 생명을

나의 눈을

떠오르는 아침 해와

아기의 얼굴과

그리고 여인의 눈 속의 사랑을

한 번도 보지 못한 사람에게 주십시오.

나의 심장을

자신의 심장으로는

날마다 끊임없는

고통만 당해 온 사람에게 주십시오.

- 로버트 테스트(미국의 시인이자 장기 기증 운동의 선구자),

'날 기억하려거든' 중에서 -

아름다운 기증자들

2008년 6월 5~7일, 간이식인들이 몇 년 동안 계획하고 준비하여 실행한 금강산 관광을 했다. 수백 명의 환자들이 처음으로 함께하는 여행이었다. 병원에서 의사 한 분과 코디네이터 두 분이 함께하도록 배려했다.

6월 5일, 금강산에 도착했는데 하희선 차장이 오늘 이승규 교수님 팀이 2천 번째 간이식 수술을 하신다고 전한다. 이승규 교수님 팀의 헌신적인 수고가 늘 감동적이지만, 2천 명의 아름다운 기증자가 있었기에 가능한 수술이다.

함께 걸으며 하희선 차장과 홍정자 과장에게 가장 기억에 남는 기증자를 물어보았다. 홍정자 과장은 어느 스님이 가장 위독한 환자에게 기증을 한 후 연락처도 남기지 않은 채 홀연히 사라지셨다며, 그분이 가장 기억에 남고 멋지다는 생각이 든단다. 하희선 차장은 표세철 목사님 이야기를 했다. 생면부지의 사람에게 조건 없이 순수 기증을 하시고는, 주변의 친구 목사님들에게 같은 뜻을 전하여 많은 분들이 순수 기증을 하시는데, 계속 장기 기증이 이어지는 모습이 너무 아름답단다.

신장 기증도 하시고 간까지 기증하신 분들도 계신다. 신장은 떼어 주면 없지만 간은 헌 것 주면 새 간이 자라니 얼마나 좋으냐고 말씀하신다. 환갑이 지난 분도 간을 기증하셨는데, 나이가 많아 기증할 수 없다는데도 우기며 사정했다고, 좀 더 늙으면 자기가 쓸모 없어질까 봐 서둘렀다고 하신다. 예수님은 "오른손의 하는 것을 왼손이 모르게" 은밀히 선행을 하라고 하셨다. 하지만 이분들은 요즘 장기 기증 같은 선한 일은 몰라서 못하는 분도 있으니 자주 알려야 한다고 웃으며 말씀하신다.

스님이나 목사님 같은 성직자 분들도 계시지만, 통계청 보성 출장소장으로 계시던 손흥식 씨도 잊을 수 없다. 국내 최다 헌혈 기록을 갖고 있는 그분은 94년 전남대학교병원에서 왼쪽 신장을 기증해 꺼져 가는 생명을 살리셨으며, 2002년에는 특정인을 지정하지 않은 순수한 뜻으로 간을 기증하셨다. 부인이 "당신은 왜 굳이 어렵고 힘든 일만 골라서 하느냐"며 볼멘소리를 하기에, 기증할 사람이 없으면 간이식을 받아야 할 중환자들을 살릴 수 없다고 부인을 설득했다며 너털웃음을 지으셨다. 위독한 간 환자가 기증자도 못 구해 애를 태운다는 소식을 듣고 '과연 간을 기증하면 어떻게 될까?' 궁금하여 관련 서적과 인터넷에서 정보를 찾아보니 '건강한 사람이면 통상적으로 간의 3분의 2 정도를 떼어 주어도 4~6개월이면 완전 재생된다' 는 사실을 알았다고 말씀하셨다. "건강한 사람들만의 권리인 장기 기증을 할 수 있게 되어 기쁩니다"라고 말씀하시는데 머리가 숙여지는 숙연함을 느꼈다.

내가 특별히 감사드리며 교제하였던 최정식 목사님은 간과 신장에 이어 골수(조혈모세포)까지 순수 기증하시어 위급한 환자를 살리셨다. 지금은 췌장도 기증하기 위하여 등록하셨는데, 이러한 숭고한 정신을 인정받아 2005년에는 대한적십자에서 박애장 금장을 받기도 하셨다. 너무 많은 기증으로 인하여 건강이 상하시진 않을까 하는 염려와는 달리 너무나 건강한 모습으로 활동하시는 모습을 보면서 하나님께 감사하게 된다. 목사님의 그 숭고한 정신에 존경의 마음이 절로 생겨난다.

이승규 교수님은 내가 수술한 92년부터 뇌사자가 기증한 장기로 수술을 하셨고, 94년에는 생후 11개월 된 아이에게 아버지의 간을 부분 이식하는 수술을 성공하셨으며, 97년에는 성인의 간을 성인에게 부분 이식하는 수술이 성공하면서 뇌사자 기증자가 없어 죽어 가는 사람들에게 생체 부분 간 기증으로 새 생명의 기회를 제공하게 되었다. 그래서 2008년 미국의 ABC 방송은 '성인 대 성인의 생체 간 이식 수술' 건수 중 서울아산병원 이승규 교수님 팀이 하는 수술 건수가 미국 전 병원의 생체 간이식 수술 건수보다 많다며 특집으로 다루었던 것이다.

가족이나 친지가 기증하려 해도 맞지 않는 경우가 많아 뇌사자 기증자가 미국이나 서구처럼 시스템화 되기를 간절히 바랐다. 그러나 이러한 악조건 속에서 자녀가 부모에게 자신의 간의 일부분을 기증하여 가정이 회복되는 감격도 너무 많았다. 기증자의 건강을 우선시하다 보니 자녀의 간이 작아 부모에게 일부를 떼어 주었을 때의 어려움을 해결하기 위해, 이승규 교수님 팀은 2000년 세계 최초로 한 사람에게 두 사람의 간을 이식하는 수술을 성공하는 쾌거를 이룬다. 이 과정에서 얼마나 많은 아름다운 사랑이 있었는지, 역시 **사랑으로 해결되지 않는 일은 없다**는 생각을 갖게 되었다.

한국간이식인회 두병순 전 사무총장에게는 아들이 기증해 주었고, 이공임 전 국장은 뇌사자의 간을 받았으며, 정보경 전 국장에게는 교회 성도가, 이내학 전 국장에게는 고등학교 친구가 준 사례로 신문에 크게 보도되었다. 또한 백건일 국장은 형제들이 다 간이 안 좋아서 사돈에게 기증을 받았단다. 이분들은 새 생명의 감동을 안고 간이식인회를 섬기고 있다.

이때마다 살아난 감격으로 눈물을 흘리지만, 자녀들의 배를 가르고 고통을 주는 것과 어린 줄만 알았던 자녀들이 조금의 두려움도 없이 부모님을 위해 기증할 때 자녀들 때문에 더 많은 눈물을 흘리는 것을 보면서, 역시 사랑으로 해결되지 않는 일은 없다는 생각을 다시 한 번 하게 된다. 그래서 대한간이식연구회 회장 이승규 교수님과 한국간이식인회 회장 이상준 이름을 연명으로, 부모님이 원하실 경우 자녀들에게 감사패를 증정하여 이들의 아름다운 사랑에 아주 작은 감사의 마음을 전하기도 했다.

나를 비롯한 간이식인들은 항상 빚진 자라는 생각을 가지고 감사하며 살고 있다. 그래서 내가 한국간이식인회 회장으로 섬기는 동안, 회원들의 뜻을 모아 총회 때마다 수혜자로서 감사패를 드렸는데, 3년을 주기로 하여 한 해는 기증자들께 감사하는 해, 한 해는 의료진 분들께 감사하는 해, 한 해는 가족들에게 감사하는 해로 정하여 매년 감사패를 전달하면서 회원들과 뜻을 함께했다. 이때마다 훈훈한 정이 넘치는 모습이 아름다운 기억으로 남는다.

어느 작가의 에세이집에 나오는 이야기이다.

도쿄올림픽 때 올림픽 스타디움을 짓기 위해 지은 지 3년밖에 안 된 집을 헐어야 했다. 인부들이 동원되어 집을 허물던 중, 벽 틈에서 꼬리가 못에 박힌 채 살아 있는 도마뱀을 발견했다. 도대체 어떻게 3년 동안 살아 있을 수 있었던 걸까 하고 이상히 여겨, 작업을 중단하고 사흘 동안을 쭉 지켜봤다. 그랬더니 이게 웬일인가. 다른 도마뱀이 나타나 움직이지 못하는 그 도마뱀에게 먹이를 물어다 주는 것이다. 3년 동안을 쉬지 않고 변함없이 먹이를 물어다 주어 굶어 죽지 않도록 해 준 것이다. 그동안 어두운 지붕 밑에서 두 도마뱀은 함께 사랑하고 함께 고통을 나누며 절망 속에서 서로를 안고 잠이 들곤 하였을 것이다. 그 3년은 얼마나 길었을까? 그 도마뱀은 못을 박았던 사람들에 의하여 다시 자유의 몸이 될 수 있었다.

참 감동적인 이야기라고 생각된다. 이런 감동적인 사랑의 이야기가 동물의 세계에도 있을진대, 하물며 우리 사람들 사이의 사랑은…. 생사의 갈림길에 놓여 있는 남편, 아내, 아버지, 어머니, 아들, 딸에게 우리 육체의 일부분을 떼어 주어 고통을 함께 나누는,

이보다 더 눈물겹고 애틋한 사랑의 이야기가 어디 있을까? 이 같은 사랑이 있기에 세상은 아름답다.

끝으로 아내와 뇌사자에게 간을 두 번이나 기증받은 특별한 사례로, 기증자에 대한 감사의 마음과 보답으로 건강한 모습으로 봉사의 삶을 살며 한국간이식인회 사무차장으로 섬기는 정석만 씨의 감동적인 사랑과 헌신의 이야기는 그에게 수기 공모 최우수상이라는 보너스를 안겼는데, 여기에 옮겨 본다.

• • • • •

〈다시 찾은 나의 삶〉

"환자분…, 환자분…, 눈을 떠 보세요, 환자분…, 눈을 떠 보세요."

아주 멀리에서 희미하게 들리던 여자의 목소리가 점점 가까이 들려왔습니다. 가까스로 눈을 뜨고 주위를 둘러보니 사방이 유리로 된 방 한가운데에 누워 있습니다.

"깨어나셨군요. 수술 후 24시간 만에 깨어나는 거예요. 수술 3일 전부터 간성혼수로 정신을 잃으셨으니 6일 만에 깨어나신 거네요. 다행히 수술은 잘 끝났으니 걱정하지 마세요."

눈을 뜨자 옆에 있던 간호사가 반가운 듯 말을 건네고는 밖으로 나갑니다.

'수술이라니? 도대체 여기가 어디지?'

잠시 복잡한 생각을 하며 몸을 움직이려고 하는데 제 몸이 자유롭지 못함을 발견합니다. 양쪽 팔과 다리는 침대에 묶여 있고, 코에는 인공호흡기가 꽂혀져 있으며, 머리맡에는 10여 개의 수액들과 혈액봉지에서 나온 튜브들이 각종 기계를 통하여 가슴 쪽으로 연결되어 있습니다. 복부에 꽂힌 6~7개 정도의 튜브들은 배 속에 고인 피와 이물질들을 배출하고 있습니다. 유리창 밖으로 환자들 사이를 분주히 오가는 의료진들의 모습이 보입니다. 가만히 눈을 감고 그동안 나에게 과연 무슨 일이 일어났는지를 생각해 봅니다.

병원에 오기 전까지 저는 나름대로 건강에는 자신 있는 편이었습니다. 그동안 살아오면서 큰 병치레를 한 것도 아니고, 치과 진료를 제외하고는 병원에도 거의 출입하지 않았습니다. 두어 달 전, 회사에서 실시한 건강검진에서도 복부 초음파 검진까지 받았지만 별다른 이상이 없었습니다.

저는 자동차 회사에서 신차 개발업무를 수행하고 있었습니다. 새로이 출시될 차량의 개발 때문에 2002년 하반기부터는 무척이나 바쁜 생활을 하였습니다. 특히 2002년 10월부터는 본격적으로 연구소 부문에 파견 근무를 하면서 더욱 많은 스트레스를 받았습니다. 이때 유난히 피곤함을 느꼈고, 예전에는 없던 변비와 설사 증세가 반복적으로 계속되었으며, 소변 색깔이 짙은 갈색으로 변하여 몸에 무슨 이상이 있다는 것을 감지하긴 하였지만, 이른 아침부터 저녁 늦게까지 바쁜 업무에 묶여 있어 병원에 갈 시간이 없었습니다.

그러던 중 2002년 11월 30일, 저의 눈이 노랗게 변한 것을 발견한 회사 동료는 깜짝 놀라 진찰을 받아 보라고 권하였고, 저는 퇴근 후 집에서 가까운 병원의 응급실을 찾아가서 대수롭지 않게 증상에 대하여 이야기하고 검사의뢰를 하였습니다. 이날도 무척이나 피곤하고 귀찮은 마음에 병원에 가고 싶지는 않았지만, 묘한 기분이 들어 병원에 방문한 것인데, 지금 생각해 보면 그때 병원에 가지 않았다면 정말로 큰일 나지 않았을까 하는 생각이 듭니다.

피검사를 위한 채혈을 한 후 결과를 기다리고 있는데 잠시 후 당직 의사 선생님은 저의 혈액 샘플이 잘못된 것 같다며 재검사를 요구하셨습니다. 다시 채혈을 한 후 의자에 앉아 결과를 기다리던 중 너무 피곤하여 깜빡 졸았습니다.

"이거 뭐가 잘못된 거 아냐? 아까도 이렇게 나와서 다시 검사한 거 아냐."

의사와 간호사들의 웅성거림에 잠에서 깨었습니다. 의사는 저의 간 효소치인 GOT/GPT 수치가 2,000 이상(정상 수치는 40 미만)으로 매우 심각한 상태이니 즉시 입원하여 치료를 해야 한다고 하였습니다. 저는 무엇보다도 회사에서 진행 중인 프로젝트가 걱정되어 입원하기를 주저하였지만 거의 강압적으로 그 자리에서 입원하게 되었습니다. 이렇게 저는 전혀 마음의 준비가 되지 않은 상태에서 난생처음 병원에 입원하게 되었고, 이것이 앞으로 다가올 기나긴 투병생활의 시작이 될 줄은 생각하지 못했습니다.

의사들의 심각한 말과는 달리, 저는 그저 그동안 너무 쉬지 않고 일만 하여 피로 누적으로 발생된 병이니, 이번 기회에 며칠 푹 쉬고, 빨리 나가 프로젝트를 마무리 지어야겠다고 생각했습니다. 하지만 이런 저의 기대와는 달리 간수치를 낮추기 위하여 투여한 약품도 별 효과가 없이 저의 몸 상태는 급속도로 악화되어만 갔습니다. 입원한 지 이틀째 되던 날, 주치의는 이곳에서 치료가 어려우니 서울에 있는 대학병원으로 옮기라고 권하였습니다.

급성 간염의 경우 아주 드물게는 전격성 간염으로 발전한다고 합니다. 전격성 간염은 70~90퍼센트가 일주일 이내에 생명을 잃게 되는 아주 무서운 병인데, 불행히도 저의 경우가 전격성 간염이라고 하였습니다. 주치의와 가족들이 상의하여 강남성모병원에서 치료받기로 결정하고 즉시 구급차로 긴급이송을 하였습니다.

2002년 12월 3일, 강남성모병원에 입원한 후 혈액 검사를 해 보니 ALT/AST 수치는 더욱더 악화되어 있는 상태였고, 검사 결과를 확인한 주치의는 조심스럽게 간이식을 해야 할지도 모르겠으니 미리 준비를 하시라고 가족들에게 말했습니다. 입원 후 계속되는 치료에도 불구하고 병세는 더욱 악화되어 갔습니다. 며칠이 지난 후 저는 주위가 뿌옇게 보인다는 것을 느꼈습니다. 집중하고 보면 잠시 사물의 윤곽이 보였다가 이내 아무것도 보이지 않았습니다. 주치의는 간 때문에 시력 저하가 올 수는 있지만 이렇게까지 완전히 보이지 않는 경우는 없는데 이상하다며 안과 검진을 의뢰하였습니다. 다행히 시신경은 손상되지 않았다는 검사 결과를 받았으나 수술 후 시력 회복 여부는 아직 잘 모르겠다고 했습니다. 입원 후 4일째 되던 날 계속 악화되던 병세 끝에 간성혼수가 왔습니다.

간성혼수는 장내에서 음식물이 분해되는 과정에서 암모니아와 같은 유독 물질이 만들어지는데, 이러한 유독 물질은 간에서 해독을 한 후 요소로 바뀌어 소변을 통하여 몸 밖으로 배출됩니다. 간부전 등 심각한 간 기능 장애가 오면 유독 물질인 암모니아는 간에서 제대로 해독을 하지 못하고 혈액 속으로 흘러 들어가게 됩니다. 암모니아 가스는 독성성분으로, 혈액을 통하여 뇌에서 흡수를 하게 되면 암모니아 중독으로 간성혼수에 빠지게 됩니다. 이를 예방하기 위해 계속적인 관장을 통하여 장내의 변을 제거해야만 합니다.

계속 악화되는 병세 때문에 결국 간이식 수술이 결정되어, 가족과 친지, 친구들 중에서 기증자 선정을 하였습니다. 너무나 급박한 상황이었기에 혈액형이 같은 아버지와 아내가 이식을 위한 검사를 받았고, 남편을 살리겠다는 일념으로 아내가 기증하기로 용기 있는 결정을 하였습니다.

기증자를 찾는 과정에서 급한 소식을 들은 교회 목사님께서 기증을 자청하며 병원에 찾아오셨고, 사촌 동생과 친구 몇 명 또한 기꺼이 기증하겠다며 병원에 찾아왔습니다. 그 당시 저는 간성혼수로 기억이 없었습니다. 수술 후 이러한 이야기를 듣고 아무 주저함 없이 간을 제공하여 진정한 부부애가 무엇인지를 보여 준 부인과, 진정한 동료애가 무엇인지 보여 준 목사님과 동생, 친구들 때문에 눈물을 참을 수가 없었습니다.

보통 간이식 수술은 위험이 많이 따르는 복잡한 수술이기 때문에 많은 검사를 마친 다음 환자의 몸이 안정된 상태에서 실시되지만, 계속된 간성혼수로 의식을 잃은 상태였고, 체온도 높아져 병세가 더욱 악화되었기 때문에 12월 10일로 긴급히 수술이 결정되어, 저는 무의식 상태에서 수술에 들어가게 되었습니다. 수술은 예상

보다 힘들었는지, 수술 시간은 오래 걸렸고, 밖에서 기다리던 식구들은 수술실 상황판을 보며 불안하고 초조하게 시간을 보냈다고 합니다. 보통 10시간 정도 걸리는 수술이 13시간이 넘게 걸려 끝났고, 수술 후 저와 부인은 중환자실로 이송되었습니다.

저는 마치 꿈속을 헤매는 듯한 이상한 경험을 했습니다. 처음에는 캄캄한 어둠 속에 누워 있었는데 누군가가 저를 데리고 가려고 했고, 이때 끌려가면 정말 죽는구나 하는 생각이 들어 부인과 아들의 이름을 부르며 끌려가지 않기 위해 필사적으로 노력했습니다. 그리고 또한 치료를 받는 과정에서 저는 중국과 일본, 프랑스 등을 오가며 수술을 받았고, 각국에서는 특이한 방법으로 치료를 했습니다. 이때의 기억들이 너무도 생생해 의료진들과 이야기한 내용조차 아직도 기억이 납니다. 간이식 수술의 경우 수술 자체가 환자에게 워낙 큰 스트레스를 주어 환자들 대부분이 이런 비슷한 경험을 하는데, 이를 의학적으로는 사이코시스(Psychosis)라고 합니다.

갑자기 머리맡에 있는 기계에서는 무엇이 잘못되었는지 요란한 소리가 울렸습니다. 그 소리에 눈을 떠 보니 기계를 점검하기 위하여 간호사가 들어와 있었습니다. 저는 간호사에게 제가 왜 여기에 있는지, 여기가 어딘지를 물어보았고, 그제야 제가 간이식 수술을 받았고 아내가 저를 살리기 위해 간을 기증하였다는 것을 알게 되었습니다. 어린 나이에 시집와서 고생만 해 오던 부인이 남편을 위하여 간까지 떼어 주고 고통 받고 있다고 생각하니 너무나도 미안하고 고마운 마음에 눈물을 참을 수가 없었습니다. 아내의 상태를 물으니 회복실에서 회복 중이라고 하였습니다.

잠시 후 의사 선생님께서 들어오셔서 수술은 잘되었다고 하시며, 수술 시 쪼그라든 폐를 펴야 하니 기침을 하여 가래를 끌어올려 뱉으라고 하셨습니다. 그런 후 저의 눈 상태를 점검하였습니다. 시력은 정상으로 돌아와 있었습니다. 하루가 지나자 유리창 밖으로 부모님과 동생, 이모의 모습이 보였습니다. 그 순간 갑자기 쏟아지는 눈물을 참을 수가 없었습니다. 전 눈물이 별로 없는 편이었는데 쏟아지는 눈물을 참을 수 없었습니다. 인터폰을 통하여 수고했다는 부모님의 말씀을 듣고 저는 목이 메어 한참 동안 아무 말도 할 수가 없었습니다.

그런데 그렇게 좋아지던 병세가 수술 후 4일이 지나자 갑자기 악화되기 시작하면서 결국엔 다시 혼수상태에 빠지고야 말았습니다. 간이식 수술 후 드물게는 거부반응이 오기도 하는데, 간 조직 검사를 하자 최악의 결과인 거부반응으로 진단이 내려졌습니다. 주치의는 아버지에게, 지금 상태가 좋지 못하다며 재수술을 해야 할 것 같다고 하셨습니다. 힘들게 수술하여 이제 아들을 살렸다고 생각했는데, 다시 수술을 해야 한다는 소리는 아버지에게 너무나도 청천벽력 같은 소리였습니다. 가족들은 모여 대책회의를 실시했고, 그러던 중 뇌사자의 간을 이식받을 수 있게 되었습니다. 검사를 해 보니 혈액형과 조직이 비슷하여 이식이 가능하다고 하였습니다. 이런 최악의 상황에서 시기와 조건이 맞는다는 것은 거의 기적에 가까운 일이었습니다.

긴급히 12월 17일 오후에 다시 이식 수술이 시작되어 13시간이

지난 새벽에서야 수술이 끝났습니다. 수많은 의료진이 투입된 복잡한 수술이었습니다. 수술은 성공적이었지만 감염된 혈액이 수술 후에도 계속 배어져 나와 이를 제거하기 위한 또 한 차례의 수술을 받았습니다.

"환자분…, 환자분…, 눈을 떠 보세요, 환자분…, 눈을 떠 보세요."

하이 톤의 여자 목소리에 저는 다시 깨어났습니다. 간호사는 그간의 일들과 재수술 과정을 간단하게 설명해 주었습니다. 그제야 저는 첫 번째 수술 후 중환자실의 모습이 생각났습니다. 이번에는 지난번에 있던 중환자실이 아니었습니다. 지난번 제가 누워 있던 병실이 유리창 너머로 보였습니다. 첫 번째 수술 후 제거되었던 튜브들이 다시 꽂혀 있고 처음부터 다시 회복 과정을 밟아야 했습니다. 가래침을 계속 뱉어 내고 숨쉬기 운동을 다시 시작했습니다. 며칠이 지나자 아내가 휠체어를 타고 면회를 왔습니다. 수술 때문인지 야윈 모습이었지만 그 모습은 세상에서 가장 아름다운 모습이었습니다. 저는 목이 메어 한동안 말을 할 수가 없었습니다.

유리창을 사이에 두고 한참을 울먹인 우리는 잠시 후 간신히 서로의 상태를 물었고, 다행히 상태가 좋다는 대답에 안심할 수 있었습니다.

이렇게 중환자실에서 순조롭게 회복하던 중 갑자기 한기가 들며 온몸이 덜덜 떨리기 시작하였습니다. 도무지 참을 수가 없었고, 열이 39도까지 올라갔습니다. 또 거부반응이 아닌가 하고 걱정을 했지만 다행히 거부반응은 아니었습니다. 엑스레이 판독 결과 폐에 물이 찼다고 했습니다. 이를 제거하기 위하여 오른쪽 옆구리에 손가락 굵기만 한 튜브를 삽입하였습니다. 튜브를 삽입하는 순간 극심한 고통이 찾아왔고, 이후 숨 쉴 때, 특히 들숨 때 너무 아파서 숨쉬기가 너무 힘들었습니다. 진통제를 두 번이나 맞았으나 소용이 없었고, 밤새도록 한숨도 못 잔 채 숨을 헐떡이면서 밤을 새웠습니다. 아마 이때가 가장 힘든 순간 중 하나였던 것으로 기억됩니다. 다음 날이 되자 고통은 점점 줄어들었고 병세도 호전되어 갔습니다.

12월 25일 크리스마스 날, 드디어 중환자실에서 나와서 7층의 1인용 무균실로 옮겨졌습니다. 그곳에서 지내면서 별문제 없이 회복되었고, 복부에 있는 튜브들이 하나씩 제거되면서 정말 기분이 날아갈 듯 좋았습니다. 특히 옆구리의 튜브를 제거할 때는 너무 좋아서 춤이라도 추고 싶었습니다. 1인실로 옮겨지고 며칠 후, 입원하고 처음으로 거울을 볼 수 있었습니다. 거울을 보는 순간 저는 깜짝 놀랐습니다. 수술 전 90킬로그램에 가깝던 몸무게가 불과 한 달 만에 25킬로그램이나 줄어들어 완전히 다른 사람이 된 것입니다.

1인용 무균실에서 일주일 동안 회복한 후, 4인용 무균실로 자리를 옮겼습니다. 의사 선생님은 이제부터 퇴원하기 위하여 운동을 하라고 하였습니다. 퇴원이라는 소리는 너무나도 반가웠으며, 이를 위하여 열심히 운동했습니다. 이렇게 별다른 문제없이 회복되어 갔고, 드디어 의사 선생님께서는 1월 18일에 퇴원을 해도 좋다고 하셨습니다.

퇴원일 아침에 복용 약품의 종류와 복용 방법에 대한 교육과 퇴원 후의 식생활 방법 및 외부 출입 시 마스크 착용 건, 자외선 차단과 각종 세균 감염에 주의해야 하는 등 생활 방법에 대하여 교육을 받은 후, 간호사 선생님들과 같은 병실에 있던 사람들의 축하와 부러움을 한 몸에 받으며 40여 일 만에 병원에서 퇴원하여 그토록 그리던 집으로 갈 수가 있었습니다.

집에 돌아와 보니, 아버지와 동생이 감염을 우려하여 미리 청소와 소독을 해 놓은 상태라서 깨끗하게 정리되어 있었으며, 안방은 병원과 같이 유리로 된 덧문을 설치하여 외부와의 접촉을 차단해 놓았습니다. 이렇게 다시 살아 돌아온 집은 너무 반가웠고, 내가 쓰던 집기 하나하나가 그렇게 정겨울 수가 없었습니다.

1월 23일, 아침에 일어나니 속이 울렁거리기 시작하였습니다. 아침 식사를 하고 잠시 누워 있는데 울렁거림이 점점 더 심해져 갔습니다. 병원에 전화하니 빨리 병원으로 오라고 하여 다시 병원으로 출발하였습니다. 병원에 도착한 즉시 다시 입원하게 되었고, 장 유착이라는 결과가 나왔습니다.

장 유착은 개복 수술 시 장이 공기에 노출되고, 수술 중 생긴 피와 같은 이물질들로 인하여 장벽의 일부가 밀착하여 붙게 되어 음식물의 통행을 방해하는 증상입니다. 입원 직후 금식이 실시되었고 콧줄(L튜브)을 삽입하였습니다. 엑스레이를 찍어 본 결과 장 유착으로 인하여 위가 엄청나게 늘어나 있는 상태였습니다. 그날 밤에는 엄청난 양의 위액을 토해 내었습니다. 장 유착을 풀기 위하여 관장과 걷기 운동을 실시하였습니다. 하지만 2주가 지나도록 차도가 없었고, 아무것도 먹지 못하고 기약 없이 기다리는 것이 너무나 힘들었습니다.

엑스레이 조영 검사 결과 소장의 유착으로 장이 완전히 막혀 버렸다는 진단이 내려져, 결국엔 2월 6일 소장 박리수술을 하게 되었습니다.

다행히 수술은 예상보다 빠르게 끝났습니다. 수술 후 하루 동안 중환자실에서 보낸 후 일반병동으로 다시 올라왔습니다. 수술 후 하루가 지나자 가스가 나왔고, 대변을 볼 수 있었습니다. 드디어 그 끔찍했던 콧줄이 제거되자 날아갈 듯이 몸이 가벼웠습니다. 이후 10일간의 회복기를 거쳐서 2월 17일 드디어 퇴원하게 되었습니다.

퇴원 후 안정적인 간수치가 7월경에 급속히 나빠져서 입원하여 검사를 해 보니 급성 거부반응이었습니다. 주치의 선생님과 의료진들의 헌신적인 치료로 다행히 간수치는 안정화 되어 한 달간의 입원 치료 후 퇴원하였습니다. 이후 11월에도 급성 거부반응으로 입원을 하였고, 12월에는 면역억제제의 종류를 바꾸게 되었습니다. 다행히 새로운 면역억제제가 몸에 맞았는지 2004년 1월 퇴원 후 간수치는 차츰 안정화 되었고, 그때 이후로 지금까지 간수치를 정상으로 유지할 수 있게 되었습니다.

퇴원하고 처음에는 약의 복용 시간을 지키기가 어렵고, 순서대로 약을 복용해야 하는데 먹었는지 먹지 않았는지 기억이 나질 않아 무척이나 고생을 하였습니다. 그래서 일자별, 시간대별 약품 복용 체크리스트를 만들어 약을 복용한 후 체크를 하여, 이제는 별

차질 없이 약품을 복용하고 있습니다. 하지만 아직도 정확한 시간을 맞추어 약품을 복용하는 일이 쉽지만은 않습니다.

힘든 투병생활을 이겨낼 수 있었던 것은 저에게 힘이 되어 주는 사람들이 너무 많았기 때문입니다. 너무나도 좋은 가족들과 친지들, 친구들과 직장 동료들, 이렇게 소중한 분들이 주신 힘으로 그 힘든 과정을 헤치고 나올 수 있었다고 생각합니다.

무엇보다도 오직 남편을 살리고자 아무 주저함 없이 간을 기증한 아내는 진실한 부부애가 무엇인가를 모두에게 보여 주었습니다. 제가 무엇을 하여도 그녀가 보여 준 사랑에는 미치지 못하겠지만, 앞으로 더욱 열심히 사는 모습으로 그녀에게 받은 사랑에 조금이나마 보답하려 합니다.

그리고 자식의 죽음이라는 비통한 상황에서도 다른 생명을 위하여 장기 기증이라는 큰 결단을 해 주신 뇌사자 가족 여러분에게 무한한 감사를 보냅니다. 이런 커다란 은혜에 보답하는 길은 앞으로 열심히 봉사하며 살아가는 길뿐이라고 생각합니다.

또한 갑작스러운 자식의 병으로 인하여 너무나 큰 충격을 받으셨지만, 슬기롭게 최선의 노력을 다하여 결국엔 자식을 죽음의 문턱에서 구해내신 아버님과, 자식의 병세를 호전시키기 위하여 다니던 직장까지 버리시고 입원 기간 내내 자식의 병간호를 하셨던 어머님에게서 부모님의 한없는 사랑을 다시 한 번 느낄 수가 있었습니다.

그리고 저의 수술을 집도하시고 치료해 주신 김동구 교수님, 윤승규 교수님, 최종영 교수님, 김세준 선생님, 김신선 선생님, 고윤석 선생님, 뇌사자 장기 확보를 위하여 많은 노력을 해 주신 장기이식센터의 전희옥 코디네이터 선생님, 힘든 여건 속에서도 항상 다정하게 치료해 주신 중환자실과 7층의 간호사 선생님들과 저의 회복을 위하여 도와주신 강남성모병원의 모든 의료진들께 깊은 감사의 마음을 드립니다.

그리고 입원 중 매일같이 사위를 보기 위하여 찾으신 장인, 장모님, 누구보다도 많은 힘을 주었던 동생 내외, 제게 큰 힘을 북돋아 주셨던 이모님들, 항상 저의 회복을 위해 기도해 주신 목사님과 교회 성도님들, 모두 자신의 일처럼 걱정해 주신 일가친척들, 그리고 초등학교, 고등학교, 대학교 친구들, 회사 동기들, 공장 사무실과 현장 직원들, 연구소 직원들 등 저의 회복을 위하여 너무도 많은 분들이 도움을 주셨습니다. 이러한 많은 분들의 걱정과 염려 덕분에 제가 죽음의 문턱에서 다시 살아나올 수 있었던 것 같습니다.

최근 국내 간이식 수술의 수준이 세계 정상급으로 성장하였고, 이제는 말기 간 질환의 가장 실한 치료법으로 인정받고 있어, 많은 환자 분들께서 간이식 수술을 받고 계십니다. 하지만 아직은 일반인들이 간이식에 대한 정확한 정보에 접근하기가 어려워 말기 간 질환으로 고생만 하시다가 돌아가시는 안타까운 경우가 많음을 알게 되었습니다. 수술 후 간이식에 대한 정보를 찾아다니던 중 생각보다 적은 자료에 안타까워했고, 이때 알게 된 간이식 수술 환자와 보호자와 함께 인터넷 포털 사이트인 다음에 간이식 카페인 '리버

가이드'(http://cafe.daum.net/liverguide)를 개설하여 운영하고 있습니다. 또한 간이식을 준비하는 분들을 위하여 간이식 관련 자료들과 그 동안 카페에 올려진 자료들을 모아 한국간이식인협회 이상준 회장 님의 도움으로 간이식 가이드인 〈간이식, 두려운 게 아니에요!〉를 출판하여 간이식인들의 지침서로 보급하였습니다.

간이식 수술은 워낙 큰 수술이기 때문에 의료진들의 자세한 설명에도 불구하고 대부분의 환자들은 수술에 대하여 막연한 두려움을 가지고 있습니다. 이때 수술 후 건강하게 살아 있는 모습을 보여 주면 환자들은 안심하게 됩니다. 그래서 간이식을 준비하시는 분들을 위하여 상담 조를 조직하여, 강남성모병원에서 수술하시는 분들을 방문하여 환자의 입장에서 간이식 수술에 대한 상담 활동을 하고 있습니다. 또한 간이식 환자들의 권익 향상과 장기 기증 활성화를 위하여 한국간이식인협회를 섬기고 있습니다.

요즘에는
보이는 하늘의 구름이 예전같이 무의미하게 보이지 않습니다.

요즘에는
들려오는 새소리가 예전같이 무의미하게 들리지 않습니다.

요즘에는
불어오는 바람이 예전같이 무의미하게 느껴지지 않습니다.

다시는 보지도, 듣지도, 느끼지도 못할 뻔했던
소중한 것들입니다.

이렇게 생과 사를 넘나드는 병원생활을 하면서 저는 많은 것을 배우고 느낄 수 있었습니다. 먼저 그동안 간과하며 살아왔던 건강이 얼마나 소중한지 알게 되었습니다. 너무나도 어렵게 다시 찾은 저의 삶을 위하여 앞으로는 더욱 소중하게 가꾸며 살아갈 것입니다. 또한 제 주위에 저를 사랑하는 사람들이 너무나도 많다는 것을 알게 되었습니다. 이제는 제가 그들에게 의미 있는 사람이 되기 위하여 노력해야겠고, 나아가 이 사회를 위하여 무언가 이바지할 수 있는 그런 사람이 되기 위해 노력하며 살아갈 것입니다.

어려서부터 독실한 불교 집안에서 자라 온 저는 불교 재단의 중, 고등학교를 다니면서 불교학생회 간부까지 지낼 정도로 기독교에 대해 비판적인, 소위 안티 크리스천이었습니다. 이런 제가 주님의 인도하심으로 독실한 기독교 신자인 아내를 만나서 결혼하게 되었습니다.

결혼 후 교회에 같이 가자고 하는 아내의 부탁에도 불구하고 이런저런 핑계로 교회에 빠지기 일쑤였습니다. 수술 후 1년간 병원에 입, 퇴원을 반복하면서 아내의 헌신적인 간호와 회사 후배인 김준년 군의 적극적인 전도로 차가웠던 제 마음은 녹아내렸고, 진심으로 주님을 영접할 수 있었습니다. 이제는 부모님을 포함한 가족 모두가 주님을 섬기는 아름다운 가족이 되었습니다.

이렇게 주님께서는 육적으로 제게 새 생명을 주시고, 영적으로도 새 생명을 주셨습니다.

거친 풍랑 속에서 깊은 바다처럼 나를 잠잠케 해 주신 주님의 사랑, 내 영혼의 반석이 되신 주님의 사랑, 그 사랑 위에 설 수 있도록 기도합니다.

정석만(2002년 12월 수술)
※ 간의 날 수기 공모 최우수상 수상

건강을 지켜야 할 의무와 간이식인회

한국간이식인회 회장으로 15년째 봉사하면서 종종 각 병원의 총회에서 축사를 부탁받으면 꼭 빼놓지 않는 말이 있다.

"고마우면 의사 선생님의 지시를 꼭 따르십시오."

그리고 어떻게 그 오랜 시간 한 번의 이상도 없이 건강을 유지할 수 있었느냐는 질문을 받으면 나는 이렇게 대답한다.

"저는 전문가가 존중받는 사회가 건강한 사회라고 믿기에 이승규 교수님과 의료진 분들의 지시를 철저히 따릅니다. 제가 아무리 공부를 열심히 한들 교수님만큼 알 수 있겠습니까?"

최선의 노력을 다했는데 예후가 좋지 않아 고생하는 경우도 가끔 보지만, 기증한 자녀와 가족에 대한 감사의 눈물을 뒤로한 채, 계속되는 폭음으로 인해 돌아가실 때나, 자기가 진단하고 처방하여 예후가 안 좋아질 때면, 같은 환자로서 답답함을 느낀다.

12~13년 전인가 보다. 하루는 내가 주사실에서 주사를 맞고 있

는데 한 여자 환자가 몇몇 환자들에게 자랑을 한다. 남편 친구들과 부부 모임에 가서 함께 폭탄주를 마셨는데 아무렇지도 않았다고. 일어나서 그분에게 혼자 오셨느냐고 했더니 남편과 함께 오셨단 다. 남편을 만나서 이야기했다. 나는 간이식인회 회장인데, 환자들 이 건강하게 잘 산다고 하면 너무 기쁘고, 어려움을 겪으면 마음이 아프다, 주제넘다는 생각 마시고 수술받기 직전 그 생사의 갈림길 에 있을 때를 떠올려 보시라고 말했다. 그리고 기증자와 의료진과 가족 모두를 생각하신다면 술은 면역억제제의 흡수를 방해한다고 하니 환자에게는 드리지 않았으면 좋겠다고 정중히 말했다. 그랬 더니 남편은 얼굴을 붉히며 죄송하단다. 그 여자 환자분을 몇 달 후 진료 시에 만났다. 내가 좀 지나쳤나 싶어 걱정했는데 반가워하 신다. 우리는 함께 건강해야 할 동지요, 가족이지 않은가.

미국의 경우, 이식이 필요하다는 결정을 내릴 때, 이식받는 우선순위는 다음과 같다.

0순위: 이식받은 자가 재수술이 필요할 때
1순위: 어린이
2순위: 전격성 간염
3순위: 멜드스코어(MELD Score, 응급도) 고득점자

이런 순서를 정해 놓고 술과 담배와 마약을 끊지 않는 사람에게 는 간을 줄 수 없다고 의사들이 확실한 교육을 시킨다고 한다.

1999년이었다. 주사실에서 헤파빅을 맞는데, 간호사가 인천에 사는 50대 후반의 어떤 환자가 수술 후 매달 들어가는 약 값이 너무 많아 자식들이 힘들게 생활한다며 자살을 했다고 전한다. 충격이었다. 나도 지나간 8년을 되돌아보니 40일마다 약 200만 원 이상의 돈을 지불했다. 왜 그렇게 빨리 병원 가는 날이 다가오는지, 8년이 지난 지금은 40일에 10,000유니트(unit) 용량의 헤파빅을 맞고 있지만 그때는 20,000유니트씩 맞아 왔다.

1994년부터 미국에서 수술을 받고 오신 십여 분과 1992년에 서울아산병원에서 수술받은 김재학 씨 그리고 내가 매월 모이는 '새생명회'가 있었는데 안타깝게도 몇 분이 돌아가셨다. 헤파빅을 맞지 않아 돌아가신 경우가 대부분이었다.

2000년쯤, 하희선 코디네이터에게서 연락이 왔다. 김재학 씨가 돌아가셨다고. 정말 충격이었다. 나와 나이가 같으면서 나보다 40일 먼저 수술하신 분으로, 인정도 많고 자상해서 말기 간 질환자들이 희망을 잃지 않도록 저녁마다 병실을 찾아다니며 돌보던 분이셨다. 아내도 충격을 받았다. 나보다 먼저 수술하신 분이 계시다는 것, 그분을 바라보는 것이 소망이었는데…. 아내와 함께 문상을 가서 부인을 뵙는데 가슴이 아파 많은 눈물을 흘렸다.

나는 그때까지 이승규 교수님의 지시를 철저히 따르면서 내 건강만을 유지하며 새로운 일에 집중하느라 다른 환자들의 상황은 잘 알지 못했다. 김재학 씨는 서울아산병원 간이식인회를 만들고 회장으로서 다른 병원 환자들과 함께 간이식인들의 처우에 많은 노력을 하고 있었으나, 그 자신이 경제적인 사정으로 헤파빅을 맞지 못하고 다른 약으로 견디다가 돌아가셨다고 들으니 가슴이 더욱 아팠다.

배경렬 총무에게서 연락이 왔다. 하희선 코디네이터에게 추천을 받아 연락을 드린다고. 함께 모여 의논 좀 했으면 좋겠는데 하희선 코디네이터 얘기가 이상준 씨는 이런 모임에 별로 관심이 없다고 하더란다. 미안한 생각이 들었다. 새로운 일에 집중하느라, 그리고 김재학 씨가 워낙 부지런하여 조용히 뒤에서 협조한다는 것이 무관심으로 비춰진 것 같다.

함께 모여 의논한 결과 내가 서울아산병원 모임에 새로운 회장이 되었다. 간이식 후 필수적으로 복용해야만 하는 약들의 보험 적용이 가장 시급한 문제였다. 그래서 새로운 임원인 김윤수, 배경렬, 장정모 씨와 함께 당시 보건사회부를 방문했다. 그런데 그곳에서 뜻밖의 상황에 대한 이야기들을 많이 들었다. 첫째로, 뇌사자에 대한 관련법이 제정되어 있지 않아 지금까지 나와 같이 뇌사자가 제공한 장기로 수술한 것도 엄밀히 따지면 위법이었고, 다만 사회가 묵인한 상태였다고 한다. 법적인 근거가 없으니 보험 적용은 안 된다는 것이었다. 또 간이식인들은 부자가 아니냐, 보험은 가난한 사람들에게 먼저 적용되어야 하지 않느냐 하는 것이었다. 간이식 수술을 하는 데 많은 돈이 들어갔기 때문이고, 그때만 해도 간이식을 받는 사람들의 수가 많지 않았기 때문이었다.

그때부터 방법을 찾기 위해 의논하고 관계자들을 찾아가 설득하기 시작했다. '당신이 위독한 상황에 처했다 치자, 당신 부인이 유일한 재산인 집을 팔아 이식 수술을 받게 하여 당신을 살렸다면,

수술비가 많이 들어갔다고 해서 당신이 부자인 거냐 고 물으며, 얼마나 안타까운 사연들이 많은지 사례들을 들어 설명했다.

우리 임원들과 언쟁을 벌이던 중 보험과장이 나에게 말했다. 자기도 세브란스병원 출신 의사인데 왜 환자들을 돕고 싶지 않겠느냐, 하지만 이런 방법으로는 안 된다, 우선 서울아산병원 한 병원의 노력으로는 설득력이 약하니 간이식 수술을 하는 모든 병원의 환자들의 사례를 묶어 타당한 의견서를 제출하여 적법한 절차를 따라 해결해 나가자고 한다. 나도 7년 동안 공직에 있었기 때문에 그 말이 맞다 생각되어, 간이식 수술을 시행하고 있는 다섯 개 병원(강남성모, 삼성서울, 서울대, 서울아산, 신촌세브란스)의 모임을 합쳐 '한국간이식인회'를 조직하여 2001년 5월 7일 창립총회를 개최하고 발족하였다. 서울아산병원의 회원 수가 약 60퍼센트를 차지하여 내가 한국간이식인회 회장을 겸임했다. 특별히 이승규 교수님을 비롯하여 다섯 개 병원에서 다섯 분의 선생님을 고문으로 위촉하고, 우리들의 안타까운 사정에 의사 선생님들의 의견을 첨부하여 보사부에 청원하고 끊임없이 찾아갔다. 때론 일에 방해가 된다고 제발 가만히 기다려 달라며 그만 좀 오라고 사정했다.

드디어 2001년 7월 1일, 국민건강보험재정안정 및 의약분업정책종합대책이 발표되었다. 건강보험료를 올리면서, 몇몇 희귀병 환자들의 의료비 보험 적용으로, 본인부담 경감 조항에 간이식인이 포함되었다. 법적인 근거가 마련된 것이었다. 먼저 가장 고가인 헤파빅이 50퍼센트 보험 적용을 받게 되었다가 곧 20퍼센트로 경감되니 많은 환자들이 이제 살 것 같다고 반긴다. 지금은 10퍼센트이며, 암으로 수술한 사람은 5퍼센트이다.

2001년 8월, 간이식인의 각종 치료제가 의료보험 적용이 되도록, 의사 선생님의 의견을 첨부하여 요청서를 제출했다. 한국간이식인회 인터넷 홈페이지도 제작하여 오픈하니 모두가 하나 될 수 있어 좋은 정보 공유의 장이 되었다. 특별히 말기 간 질환자 가족들에게는, 이식 수술을 하여 이렇게 많은 사람들이 건강하게 살 수 있다는 새로운 좋은 소식을 전하는 통로요, 생소했던 그 외 수많은 사람들에게는 자유롭게 질문하고 답할 수 있는 귀한 통로가 되었다.

우리 이식인들의 적극적인 참여로 인하여 좋은 의견들이 개진되고, 요양급여일수 확대 등 각종 애로사항들을 끊임없이 요구하여 계속 해결해 나갔다. 또 "신장이식인들은 장애인으로 지정되어 각종 혜택을 받는데, 평생을 지방에서 서울까지 올라와 병원에 다녀야 하는 우리 간이식인은 비행기 요금과 각종 부대비용 등이 더 많이 들므로 우리가 더 힘들지 않느냐, 우리도 장애인 지정을 받아야 된다"고 아우성이었다. 그래서 2001년 9월부터 장애인 지정을 해 달라고 보사부에 청원하니 보건사회연구원에 연구용역을 주었다. 보건사회연구원은 암센터 등 각 분야의 전문가들에게 또 연구용역을 주어, 우리는 그들을 찾아다니며 모든 상황을 알리느라 동분서주했다. 그런데도 수많은 회원들이 왜 빨리 안 되느냐 독촉을 하고 심한 말을 하는 이들도 있어, 한편으로는 서운한 마음이 들어 회장직을 그만두고 싶은 마음도 없진 않았다.

하루는 이승규 교수님이 어이없어하며 속상한 표정을 지으셨다. 어느 환자가 "이승규 교수님이 노력을 안 하셔서 장애인 지정이 되지 않는다"고 하면서 항의를 하더란다. 한 생명이라도 더 살리기 위해 수술하며 쉬지도 못하신 채 진료를 하시는데, 장애인 지정 문제로 항의를 하니 짜증이 나셨으리라. 나도 수많은 사람에게 시달리고 있으니 이해하시라고, 간 환자들이 성격이 급한 불쌍한 백성이 아니냐고 하면서 함께 웃은 기억이 난다.

드디어 2003년 7월, 간이식인도 장애인으로 지정되어, 항공료와 열차, 지하철 할인 혜택과 LPG 차량 사용 등 각종 혜택을 받게 되었다. 보람도 있었지만 지치기도 하여, 내가 할 일은 여기까지인가 보다 생각했다. 왜냐하면 우리의 건강을 지키는 데 있어 어려움이었던 두 가지 큰일이 해결되었기 때문이다. 또한 모두에게 수고했다는 격려를 받았기 때문이다. 그래서 '박수 칠 때 떠나라'는 영화 제목처럼, 박수 칠 때 간이식인회 회장직을 떠나자고 결심했다.

"우리는 오래 살기 위해서가 아니라 옳게 살기 위하여 노력해야 한다."

- 세네카 -

선한 일을 위하여

회장직에서 물러나려 하는데 주치의 선생님들이 처방한 신약들이 의료보험이 되지 않는 게 많아 너무 어렵다는 이식인들의 하소연이 많았다. 제약회사에서 신약이 개발되면 신장이식인들을 대상으로 임상시험을 하고 시판되는데, 그래서인지 신장이식인들은 보험이 적용되는데 간이식인들에게는 보험 적용이 되지 않았다. 선생님들의 소견서를 첨부하여 건강보험심사평가원에 제출하고 하소연하면서 하나하나 해결해 나가는데, 정작 간이식인들 중엔 간이식인협회를 소중히 생각하지 않고 힐난하는 사람들도 있어 마음이 상하곤 했다. 하지만 성인 간이식 최장기 생존자로서의 소명이다 생각하고 뜻을 같이하는 귀한 회원들, 특별히 박상섭, 서여원, 김윤수, 두병순, 정석만, 백건일 씨 등과 함께 뚜벅뚜벅 해 나갔다.

특별히 2000년 뇌사자 인정법이 제정되고 기증 장기의 공정 분배를 위하여 미국의 유노스(UNOS, 미국장기이식센터)처럼 코노스

(KONOS, 국립장기이식관리센터)가 생기면서, 1999년 162건에 달했던 뇌사자의 장기 기증이 2002년에는 36건까지 줄어드는 어려움이 생겼다. 예를 들어, 코노스가 생기기 전에는 서울아산병원에서 뇌사자가 발생했을 경우 보호자를 설득하여 장기 기증을 받아 서울아산병원의 위급한 환자에게 이식하여 수술하였는데, 이것이 각 병원으로 배분되면서부터는 각 병원에서 노력을 하지 않았고, 장기 매매 여부를 확인하는 과정에서 좋은 뜻으로 기증하려 했음에도 불구하고 언짢은 상황이 벌어지기도 해서 기증 의사를 취소하는 경우도 늘어났다.

2001년, 전국 보건소 관계자들이 강원도 양양 오색약수 호텔에 모였다. 그곳에 수혜자를 대표하여 건강하고 보람 있게 산다는 것에 대한 감사한 마음을 전하고, 동시에 장기 기증 활성화에 도움이 되었으면 좋겠다 하여 참석했다. 내가 발표하기 전에 어떤 기증자의 아버지가 발표를 하셨다. 중학생인 딸아이가 학교에서 원인도 모르게 쓰러져 이대목동병원으로 옮겨졌는데 뇌사 판정이 나왔다고 한다. 너무 가슴이 아파 며칠간 식음을 전폐하다가 아이의 죽음을 뜻있게 하자 하여 뇌사자 장기 기증을 신청했다고 한다. 그런데 강남의 어느 병원으로 옮겼을 때, 사람들이 자기에게 완전히 돈을 벌기 위하여 뇌사 기증을 하는 것처럼 대하더란다. 그래서 자기는 중소기업 사장으로 돈도 있다, 내가 거지란 말이냐, 내가 딸을 팔아 돈을 벌려고 했느냐 울부짖었다고 말하며, 자기는 이제 도시락을 싸 들고 다니면서 뇌사자 장기 기증하겠다는 분들을 말리겠다고 하는데, 충격이었다. 이런 상황을 코노스에서도 심각하게 생각하여 개선하려고 애를 썼다.

한번은 코노스에서 각 병원 간이식인 회장단을 초청하여 도와 달라고 했다. 전국 도로변의 교통사고 환자 전문 취급병원에서 뇌사자 장기 기증에 협력을 해 주어야 하는데 공직자인 자기들의 방문을 꺼린다는 것이었다. 그러면서 우리 환자들이 그 병원들을 방문하여 협력하도록 설득해 달란다. 나는 흔쾌히 수락하였다.

2002년 11월, 한국 외과학회 장기 기증 윤리 심포지엄에 환자 대표로 패널 토의자가 되었다. 외과 의사 선생님 두 분, 법의학 교수님, 강남성모병원의 신부님, 보사부 관계자들이 미리 4~5차례 모여 심도 있게 의논했다. 많은 것을 배우는 계기가 되었다.

내가 실수했던 일도 있다. 생체 이식을 할 때 기증자의 나이가 만 16세 이상으로 되어 있었는데, 한 분이 만 16세면 고1 정도인데 대입 준비로 어려울 거라며, 고등학교를 졸업하고부터 기증해야 되지 않겠는가 하고 의견을 피력하였을 때, 나는 깊이 생각하지 않고 동조했다. 며칠 후 이승규 교수님의 말씀이 "16세부터 회복 과정이 좋고 회복 속도도 빠르며, 본인에게는 부모를 잃고 평생을 슬프게 지내거나, 특히 가장이 쓰러져 가정의 어려움으로 학업도 제대로 마치지 못하는 것보다는 가장이 건강을 회복하고 가정을 든든히 지키는 것이 더 좋은 것"이라고 하셨다. 그리고 "만 16세부터는 자기 주관이 뚜렷하고 의사 결정력이 있다"는 말씀을 듣고 내 생각이 부족했음을 깨달아, 원래대로 만 16세로 하기를 주장했다.

2009년 1월 4일, 한두희 씨의 간이식 10주년을 맞이하여 부인께서 감사와 축하의 자리를 마련했다. 아들 학규가 17세에 기증하여 지금은 27세의 멋있는 청년이 되었는데 얼마나 자랑스러워하는지, 나보고 축복 기도를 해 달라 하여 감사와 축복의 기도를 간절히 드렸다. 역시 이승규 교수님의 의견이 옳았다.

심포지엄 날 장기 매매 문제가 대두되었다. 환자가 죄인이 되는 것 같아 내가 좀 격하게 말을 했다. "내가 하면 러브 스토리이고 남이 하면 스캔들이냐? 내가 죽어 가는데 아내가 유일한 재산인 집을 팔아 장기를 사와 나를 살렸다 하자. 아내는 열녀이고, 러브 스토리가 아니냐. 잘못된 범법자가 생기지 않도록 뇌사자 장기 기증이 시스템화 되어야 하지 않느냐! 지금 같은 상태라면 코노스가 없는 것이 낫다"고 말을 하여 코노스 관계자들의 항의를 받기도 했다.

장기 기증 문화가 문제였다. 선진국(미국)의 경우, 운전면허증 발급 시 불의의 교통사고 등으로 뇌사자가 되었을 때 장기를 기증하겠느냐 물으면 85퍼센트 정도가 동의하여 면허증에 '도너'(Donor)라는 표기를 하는데, 실제 장기 기증의 경우 94퍼센트 정도가 뇌사자 장기 기증이고, 6퍼센트 정도가 생체 기증자라는 통계가 있다. 하지만 우리나라는 정반대였다. 당시 뇌사자 장기 기증이 6퍼센트이고, 생체 기증자가 94퍼센트였다. 유교 문화의 영향을 받은 '신체발부는 수지부모'라는 생각이 많고, 칼을 대면 두 번 죽인다는 생각과, 또 뇌사자 판정에 대한 이해 부족 등으로 장기 기증 문화가 정착되지를 못했다. 뇌사자 장기 기증이 이루어지면 미담으로 매스컴에 대서특필되기도 하는데, 매매 여부를 가리는 과정에서 빚어지는 오해 등으로 더 어려움을 겪는 경우도 있었다.

춘천의 존경받으시는 한 목사님께서 들려주신 말씀이다. 같은 지방회의 한 목사님이 신학대학에 다닐 때 등록금이 없어 150만 원을 사채로 빌려 썼는데, 졸업하고 나니 그 돈이 3천만 원이 되었단다. 사채업자들이 독촉을 하며 돈이 없으면 신장 한 쪽을 기증하라고 하여 그들의 주선으로 3천만 원을 받고 기증을 하고 그 돈은 사채업자가 가져갔단다. 기가 막힌 이야기였다. 정말 이런 일도 있구나 싶었다. 이승규 교수님께서는 뇌사 기증자가 지금의 배 정도라도 있으면 더 많은 위급한 환자들을 살릴 수 있을 거라고 너무 안타까워하시며, 간이식인회가 뇌사자 장기 기증 운동에 적극적인 활동을 해 주었으면 한다고 주문하셨다.

"선한 일을 할 능력이 없으면 선한 일을 하려는 흉내라도 내라"는 C. S. 루이스의 말이 생각났다. '그래. 내 새 생명이 살아 있는 한 선한 일을 하려는 흉내라도 내자'는 결심을 하게 되었다. 그래서 이 시점에서 '선한 일'에 대해 정리해 보기로 했다.

수술 전, 기업을 경영할 때가 생각났다. 1980년대 후반 극심한 노동 운동이 있을 때였다. 낙산비치 호텔에서 삼성 협력업체 사장들이 2박 3일 동안 노사문제에 대해 분임토의를 하는데 한 사장님이 울면서 말했다. 자기는 굶기도 하고, 짜장면이나 라면으로 때우기도 하고, 담배도 가장 싼 것으로 피우는 등 근검절약하며 회사를 일으켰는데, 어느 날 갑자기 자기를 도둑놈이라고 몰아세우더니, 자기를 드럼통에 넣고 굴리더란다. 죽고 싶다고 하소연하면서 우울해하셨다.

아직 내가 경영하는 회사는 그런 일이 없으니 다행이다 생각하고 회사로 돌아왔다. 그런데 돌아와 보니 근로자들이 머리에 빨간 띠를 두르고는 한 근로자가 핸드 마이크를 들고 선창을 하면 모두가 복창을 하고 있었다. 회사 문을 닫고 싶었다. 특히 핸드 마이크를 들고 선창하는 사람을 보니, 몇 달 전에 생산부장이 대학을 졸업했으면서 공고를 졸업한 것으로 위장 취업했다고, 문제의 소지가 있으니 내보냈으면 한다고 했던 그 친구였다. 그 직원을 불러 왜 그랬느냐 물으니, 지방 대학을 나와 취직을 하려니 안 되고, 홀어머니가 고생하는 것이 너무 죄송해서 고등학교 졸업장으로 입사를 했다고 했다. 그래서 어떻게 했으면 좋겠는지 의논하다 대학 졸업에 합당한 자격증을 1년 이내에 취득하겠다 하여 그 후에 대졸로 변경하자고 서로 좋게 합의했었는데, 참 허탈했다. 식당 겸 회의실로 전 직원을 다 모이게 한 후 나는 다음 내용으로 이루어진 탈무드의 선에 대한 이야기를 했다.

왕이 어떤 남자에게 사람을 보내 즉시 오라는 명령을 내렸다. 그 남자에게는 세 명의 친구가 있었는데, 한 친구는 가장 소중하게 생각하고 있었고, 또 한 친구는 역시 좋아하고는 있지만 앞의 친구처럼 소중하게 생각하지는 않았으며, 마지막 친구는 친구라고 생각하고는 있었지만 별로 우정을 느끼지는 않았다.

그는 왕 앞에 혼자 갈 용기가 나지 않아 친구들에게 찾아가 자기와 함께 가자고 부탁했다.

먼저 가장 소중히 여기는 첫 번째 친구에게 같이 가자고 부탁했다. 그런데 그 친구는 이유도 말하지 않고 거절했다. 그 다음 두 번째 친구에게 부탁하니, 궁궐 문 밖까지는 같이 갈 수 있지만, 그 이상은 안 되겠다고 말했다. 그런데 마지막 친구는, 자네는 어떤 나쁜 짓도 하지 않았으니까 조금도 걱정할 것이 없다며 그 사람과 함께 궁궐까지 가 주었다.

첫 번째 친구는 돈이다. 사람이 아무리 돈을 소중히 여기고 사랑할지라도 죽을 때는 같이 가지 못하고 그대로 남기고 가야만 한다. 두 번째 친구는 가족과 친척이다. 가족과 친척은 무덤까지는 따라가지만 그를 거기에 남겨 두고 다 돌아가 버린다. 마지막 친구는 선한 행실로, 이것은 평소에는 별로 마음을 끌지 못하지만 죽은 뒤에는 영원히 함께 있다.

선을 베풀려고 애를 써 왔고, 또 끝까지 선을 베푸는 것이 옳은 길이라 여겨졌다. 그 시점에서 내가 해야 할 최선의 선을 생각했다. 회사의 존속이었다. 회사가 경쟁력을 갖고 존속하는 데 있어 지장이 없다면 무엇이라도 들어주겠다고 하며 대표자 다섯 명을 뽑아 내 방으로 오라고 했다. 그러고는 회사가 존속해야 여러분과 내가 함께 살 수 있지 않겠느냐고 했다. 그러나 지금처럼 행동하면 문을 닫겠다고 했다. 그 이후 이 문제가 평화롭게 해결되었던 기억이 난다.

그렇다. 우리 간이식인회도 결국 마찬가지다. 최고의 선은 첫째로, 건강하게 사는 것이다. 건강해야 우리가 존재하고, 건강해야 사회에 기여하며, 건강하게 사는 것이 우리를 위해 소중한 장기를 기증한 분들과 수고하신 모든 분들에게 보답하는 길이다. 또 건강해야 선을 행할 수 있지 않겠는가. 건강을 지키도록 노력해야 한다. 그리고 둘째는, 우리가 그랬던 것처럼 사경을 헤매는 말기 간 질환자들에게 이식의 기회가 주어지도록 장기 기증을 활성화시키는 것이다. 이렇게 정리하고 각 병원 회장단들을 모아 이 뜻을 전달하니 모두 동의했다.

2003년 정기총회부터는 매년 장기 기증 운동 활성화 심포지엄을 겸하였다. 방향과 꿈이 정해지니 결속이 잘되었고, 장기적인 발전을 위해 사단법인화 하자는 뜻을 모아 1억 원 이상의 기금을 모았다.

강남성모병원 박순범 회장님이 특별히 본이 되셨다. 지방에서 회원들이 올라오면 병원 진료를 도와주시고 집에서 함께 자고 공항까지 데려다 주시면서, 주변 사람들에게 섬김의 본이 되셨다. 박상섭 사무총장님도 불편한 몸으로 애를 쓰시는 모습이 함께하는 사람들에게 귀한 동기부여가 되었다. 정석만 총무도 해박한 지식으로 잘 섬기는, 간이식인회에 꼭 필요한 분이시다. 저분들에게 회장직을 넘기면 되겠다는 생각이 들었다.

"선한 일을 할 능력이 없으면 선한 일을 하려는 흉내라도 내라."
- C. S. 루이스 -

비영리 단체와 장기 기증 캠페인

한국간이식인회를 사단법인화 하기 위하여 보사부 요청만큼 기금을 확충한 후 모든 서류를 완비하여 제출하였다. 그러나 간 질환에 대한 사단법인인 '간건강협회'가 있어 불가능하다며, 비영리 단체로 허가해 주었다. 우리의 바람대로 되진 않았지만 오히려 순수한 모임이 된 것 같아 감사했다.

정관의 목적 1항이 장기 기증 캠페인이었다. 말기 간 질환 환자의 경우 본인뿐만 아니라 가족들까지 고통을 겪게 되는데, 이때 가장 힘든 것이 이식 수술을 하면 살 수 있는데 기증자가 없는 경우다. 이럴 때 환자와 가족들의 고통은 배가 되며 절망 상태에 빠지게 된다.

이분들을 위하여 우리가 할 수 있는 일이 무엇이 있을까를 고민하고 있을 때, 수혜자인 간이식 환자가 건강을 지키며 가족과 사회에 기여하는 모습으로 사는 것, 특별히 감사한 삶의 모습으로 장기 기증 캠페인을 하는 것이 어떻게 보면 가장 설득력이 있다며 보사부 관계자나 코노스 관계자 및 의료진 분들께서 말씀하신다. 그렇다면 어떻게 캠페인을 해야 할까?

우리나라는 뇌사자 장기 기증 비율이 선진국에 비해 현저히 낮은 상황이다. 그 원인으로는 유교적인 관습으로 신체발부는 수지부모(身體髮膚 受之父母)라는 문화적 관습과, 죽어 가는 사랑하는 가족의 몸에 칼을 대고 싶지 않다는 것이 가장 큰 이유라고 생각되었다.

우리는 환자 단체로서, 당장 눈에 보이는 결과에 집착하기보다는 장례 문화가 화장 문화로 변해 가듯이 장기 기증 문화에도 변화의 바람이 불도록 평생토록 꾸준히 해 보자며 회원들과 함께 다짐을 했다. 그래서 매월 둘째 주 토요일마다 산행을 하면서 캠페인을 하게 되었는데, 전문 산악인이면서 회원이신 안희동 씨가 산악대장으로 선임되어 백두산을 다녀오기도 하는 등, 전국의 백대 명산을 두루 다니면서 꾸준히 캠페인을 개최하고 있다.

몇 해 전에는 세브란스병원 장기이식 센터장이신 김순일 교수님의 제안으로 합창단을 조직했는데, 그 당시 첫 지휘를 회장인 내가 맡게 되었다. 합창단의 첫 활동으로 의료진들의 모임인 한국이식학회에서 마지막 시간에 간이식인들의 합창을 제안 받았다. 40대부터 70대에 이르기까지 다양한 연령대의 남녀 이식인들 약 40여 명이 모여 '사랑으로'와 '퐁당퐁당'을 연습하는데, 너무나 즐거운 시간이었다.

드디어 학회 날. 이식학회 참여 의료진과 이식을 기다리는 환자와 가족들 앞에서 합창을 하는데, 참으로 감동이 되었다. 서울대병원 장기이식센터장이신 안규리 교수님께선 나를 붙들고는 눈물을 흘리셨다. 안규리 교수님은 이식 대기 환자인 말기 환자들이 마치 교도소 수감자와 같다고 말씀하시곤 했는데, 그들이 질병에서 해방되어 건강한 모습으로 합창하는 모습이 너무나 기뻐 눈물이 난다고 하신다. 이 또한 감격이다.

2015년엔 광복 70주년을 맞이하여 독도에 가서 합창을 하자는 의견이 나왔다. 그래서 그 해 9월에 합창단원들과 함께 독도로 향했다. 너무나 좋은 날씨 속에서 노래를 부르는데, 한 배에 탔던 관광객들이 박수를 치면서 격려해 주었다. 또한 장기 기증 절차를 묻는 분들도 있어 그 어느 때보다 큰 보람을 느끼기도 했다.

이렇게 평생 감사하면서 꾸준히 다양한 모습으로 캠페인을 하다 보면 장기 기증에 대한 사람들의 관심과 태도 또한 바뀔 것이라 생각한다. 특별히 보사부 관계자, 의료진들과 함께 뇌사자 장기 기증 활성화 심포지엄을 하면서 정책이나 전략을 모색하는 시간을 갖는데, 환자 단체가 이런 귀한 일을 주관한다며 기분 좋은 덕담을 해 주셨다. 상황이나 결과와 상관없이 그저 감사할 뿐이다. 지금은 내가 삼고초려하여 모신 서울아산병원 회장으로 수고하시던 김동명 회원이 회장이 되어 훌륭하게 모든 분야를 잘 이끌고 있어 이 또한 감사할 뿐이다.

나눔행복재단과 〈나눔공간〉 격월간지 창간

　한국간이식인협회 총무국장으로 수고했던 문수경 씨가 간이식 수술 후 건강한 모습으로 협회를 섬기다가 재발되어 재수술을 하지 않으면 안 되는 상황이 발생했다. 부모님도 안 계시고 자매 중 한 분도 간 질환으로 미리 세상을 떠난 상태에서 너무도 안타까운 상황이 되었다.

　어느 날 이승규 선생님과 박용수 회원님과 함께 식사를 하는 자리에서 이승규 선생님께 문수경 씨의 가족 상황 등을 설명드리며 꼭 좀 살려 달라고 간곡히 부탁드리는데, 박용수 회원께서 대뜸 "수술비는 제가 대겠습니다"라고 하신다. 그리고 며칠 후 3,000만 원을 송금해 주셨다.

　이승규 선생님과 의료진의 보살핌 속에서, 그리고 많은 사람들이 마음을 쓰며 뜻을 모았지만, O형이던 문수경 씨는 기증자가 제 때 나타나지 않아 결국엔 죽음을 맞이하게 되었다. 너무나도 가슴이 아팠다. 이후 박용수 회원님께 3,000만 원을 돌려보내겠다고 하니 장례비에 보태고 싶다는 뜻을 전해 오셨다. 그래서 문수경 씨 큰언니 분에게 그 뜻을 전했는데, 장례비는 가족들이 부담할 테니 뜻있게 사용해 달라고 하신다. 그래서 회원들과 문수경 씨 가족, 그리고 박용수 회원님과 상의한 끝에 수술비가 부족한 사람들을 위해 쓰자는 쪽으로 뜻을 모았다. 이후 박용수 회원님께서는 2,000만 원을 더 보내 주셨다.

이렇게 모인 5,000만 원을 기금으로 하여 **나눔행복재단**을 설립하고, 모든 회원들이 CMS를 통해 기금을 확대하자고 결의했다. 이승규 선생님을 비롯한 의료진도 참여해 주시고, 많은 회원 분들도 동참해 주셔서 수십 명의 어려운 환자들의 수술비를 돕는 귀한 사역이 되었다. 특별히 이승규 선생님은 본인의 책인 〈외과의사 이승규〉(허원미디어, 2010)의 인세 전액을 내 주셨고, 박용수 회원님은 추가로 1,000만 원씩을 종종 보내 주신다. 또 현 안희동 사무총장은 본인 회사 직원들을 동참시키고 있으며, 우리 가족도 나를 비롯하여 아내, 아들 내외, 딸 모두가 참여하고 있다.

나는 한국간이식인회 회장으로서 이 멋진 생명 운동인 장기 기증 캠페인과 나눔행복재단 사업을 어떻게 지속적으로 활력 있게 이어 나갈까 생각하다 〈**나눔공간**〉이라는 격월간지를 발간하기로 회원들과 결의하고는, 마침 내가 대표로 있는 서로사랑 편집진이 협력하여 2010년 3월에 창간호를 발간하였다.

2011년에는 어떻게 환자 단체가 이렇게 격조 있는 잡지도 발간하고 선한 일을 하는 모범을 보일 수 있느냐며, 행정안전부 지원 비영리 단체 중 최우수 단체로 선정되기도 했다.

　간이식 환자들을 돕기 위해 여러 일들을 계획하고 실행에 옮길 때마다 보람을 느끼게 된다. 더불어 이러한 계기를 만들어 주신 박용수 회원님과 이승규 선생님을 비롯한 의료진, 그리고 참여한 모든 회원 분들에게 감사의 마음을 가지게 된다.

"진정으로 행복해질 수 있는 자는 남에게 봉사하는 길을 찾아 헤매다 드디어 그것을 찾아낸 자이다."

- 슈바이처 -

1992년 10월 간이식 수술 직후

2007년 간이식 15주년 기념

전국간이식인협회가 결성되고 나서

간이식연구회 이승규 회장님과 간학회 서동진 회장님과 함께

간, 신장, 골수를 순수 기증하신 최정식 목사님과 함께

고대안암병원 김동식 교수님께 감사패 증정

2006년 정기총회 및 장기기증 캠페인 건강걷기 대회

정부 지원 비영리민간단체 최우수 단체 시상식에서 간이식인회에 대한 사업 발표

하남 검단산에서 산행 겸 장기 기증 캠페인

기증서 작성하시는 모습

장기이식 활성화를 위한 심포지엄

아산재단 30년사 발간, 재단을 빛낸 30인에 나와 함께 선정된
하희선 코디네이터와 홍보팀원과 함께

광복 70주년을 맞이하여 한국간이식인회 합창단이 독도에서 합창할 때 지휘하는 모습

한국간이식인회 나눔행복재단의 동기를 부여한 박용수 회원님과 함께

간이식 수술 후 서로사랑 출판사를 설립하고 처음으로 참가한 국제도서전에서

선교사로 안수 받는 모습

알파 컨퍼런스를 매년 40회 이상 개최하면서

알파코스의 본거지인 HTB교회 정원에서

HTB교회에서 열린 국제 알파 컨퍼런스를 참석한 후 웨슬리기념교회에서

니키 검블 집에 초대되어 점심 식사와 교제를 나누며

HTB교회 정원에서 여러 나라에서 참석한 분들과 소그룹 미팅 후

다음 세대 부흥을 위한 교육기관 알파 컨퍼런스

유·초등부 어린이 알파

중·고등부 알파

〈대학청년 지도자 알파 컨퍼런스〉 영국의 Jamie Haith 목사를 초청해서

중앙아시아 선교지에서 선교사님들을 대상으로 알파 컨퍼런스 개최

아시아 퍼시픽 지도자들을 위한 코리아 비전 트립

알파 결혼코스 창시자인 니키 리와 실라 리를 초청해서 결혼 컨퍼런스 개최

1대 이사장 류영모 목사님과 2대 이사장 윤희주 목사님의 이취임식을 마치고

육체적인 생명 운동과 영적인 생명 운동의 계기를 마련해 주신
주치의 이승규 교수님과 알파 세계 책임자인 니키 검블과 함께

니키 검블을 초청하여 11,000여 명의 지도자들이 참석한 국제 알파 컨퍼런스 개최

Evidence of Hope

2. 영혼의 생명으로 생명을

나의 작은 믿음으로

당신의

크신 사랑을 전하게 하소서

비록

연약할지라도

부족한 저에게

큰 힘을 주시고

내 삶의

모든 것들에 감사가

넘쳐나게 하소서

- 용혜원, '감사하게 하소서' 중에서 -

서로사랑

수술받기 전에는 죽음과 영생의 문제에 대해 잠 못 이루며 생각했다면, 수술 후에는 벅찬 감격으로 어떻게 살까를 많이 생각했다. 특별히 '수술하다가 죽는 것이 소망' 이란 이승규 교수님의 말씀은 나에게 큰 도전을 주었다. 육체의 생명을 살리시는 데도 저렇게 혼신의 힘을 다하신다면 나는 영혼의 생명을 위해 앞으로의 삶을 살아야겠다고 결심하게 되었다. 그래서 회사를 직원들의 장래가 보장되는 곳으로 넘기고 영혼의 생명을 살리는 데 전념하기로 했다. 그것이 수술 전 기도의 내용인 히스기야의 구약 시대 선을 이 시대의 선, 곧 내가 믿는 예수를 모든 자에게 전하는 것과도 일치한다는 생각이 들었던 것이다.

"우리는 부활절 아침에 이곳에 왔습니다. 그날 사망의 권세
를 이기신 주께서 이 백성을 얽어맨 결박을 끊으사 하나님의

자녀로서의 자유와 빛을 주시옵소서."

1885년 4월 5일, 언더우드와 함께 제물포에 도착한 아펜젤러 선교사의 방한 첫 기도를 난 참 좋아한다. 우리는 빚을 졌다. 그래서 나도 오지로 가서 선교 활동을 하고 싶다는 강한 소망이 생겼다. 그런데 평생 면역억제제를 먹고 헤파빅 주사를 맞으며 정기적으로 진료를 받아야 한다는 설명을 듣고 어떻게 하면 복음을 효과적으로 전할까를 생각했다. 그때 문득 서구의 출판 격언이 생각났다.

"수백 년 동안 영향을 끼치는 책 한 권을 만드는 것이 대학교
하나를 설립하는 것과 같다."

책을 좋아하는 나에게 딱 맞는 말이었다. 내 생애에 수백 년 동안 영향을 끼치는 책 열 권을 만든다면 열 개의 대학을 설립하는 것과 같지 않을까 하는 생각으로 구체적인 계획을 세웠다.

미국 〈석세스〉(Success)지의 조사 내용이 생각났다. 1953년 예일 대학교 학생들에게 던진 목표에 대한 세 가지 질문이었다.

• 세워 둔 목표가 있는가?
• 목표를 기록해 두었는가?
• 목표 달성을 위해 계획을 세웠는가?

응답자의 3퍼센트만이 목표를 세워 기록해 두었으며 그에 상응

하는 실천 계획을 갖고 있었다. 13퍼센트의 응답자는 목표는 있으나 기록해 두지 않았다. 나머지 84퍼센트는 자기의 삶을 즐기겠다는 것 이상의 목표를 전혀 세워 두지 않았다.

20년이 지난 1973년에 똑같은 사람들을 대상으로 조사했을 때 목표를 설정한 사람과 그 나머지 사람들 사이의 격차는 놀라웠다. 목표는 있지만 기록하지 않았다고 답한 13퍼센트는 목표가 없다고 답한 84퍼센트보다 평균 두 배의 소득을 벌어들이고 있었다. 그보다 놀라운 사실은 목표를 세우고 기록해 두고 구체적으로 계획을 세워 놓은 3퍼센트는 나머지 84퍼센트의 졸업생보다 소득이 평균 열 배나 높았다는 통계다.

나는 구체적인 계획을 세우고 전략을 노트에 기록했다. 그리고 두란노에서 열리는 6개월 과정의 출판 편집대학에 등록한 후 출판에 대한 전반적인 것들을 공부하기 시작했다. 재미있었다. 설레는 마음으로 새 일을 하는 것이 너무 좋았다. 청년들에게는 내가 새로운 일을 시작하기로 했다며 기독교 서적 전문 출판사를 세우는 데 필요한 좋은 이름을 공모했다. 그런데 대부분의 이름들이 성경 속의 좋은 뜻을 가진 이름이긴 한데 너무 어렵다는 생각이 들었다.

나는 요한복음을 가르치면서 13장에 나오는 "새 계명을 너희에게 주노니 서로 사랑하라…"는 말씀을 특히 좋아했다.

이 말씀이 떠올라 예수님의 새 계명인 '서로사랑'으로 하자 하고 다른 출판사를 찾아보니 이 이름을 쓴 곳이 없었다. 너무 기뻤다. 그래서 출판사 이름을 '서로사랑'으로 정했다. 모르는 것이 많았기에 주께로 더 가까이 가는 것이 필요했다. 내 능력의 한계를 뛰어넘을 은혜를 얻기 위해서다.

교회에서는 수술 전 하던 일들을 지속했다. 1992년 12월, 퇴원 후 마스크를 쓰고 교회에 가니 내년에는 청년부 부장을 1년간 쉬어야 하지 않겠느냐며 담임목사님께서 조심스럽게 말씀하셨다. 병원에서 수술 후 6개월은 많은 주의를 요한다고 했으나, 내가 어떻게 이들과 떨어져 있나 하는 생각에 쉴 수 없다고 고집을 부리니 결국에는 맡기셨다.

한 달에 두 권씩 1년에 20~30권의 책을 발간했다. 많은 투자가 뒤따랐다. 쉬면서 여유 있게 하지, 일중독 환자냐고 아내가 핀잔을 준다. 열심히 해도 힘든데 여유 있게 해서 되는 일이 있느냐고 대답하면서, 주로 미국의 신앙 서적들을 번역해서 출판했다.

몇 년째 출판을 하던 중, 좀 더 영향력 있게 살아야 하는데 내가 이렇게 살아도 되나 하는 생각이 자꾸 들었다. 내가 보기에 좋은 책을 만들면 오히려 잘 팔리지 않고, 이런 책이 도움이 될까 하면 좀 팔리는 현실이 이상했다. 신앙 서적을 출판하는 것이 좋은 사역이라 생각하여 시작했는데, 출판사를 운영하기 위해선 좋지 않아도 팔리는 책을 만들어야 하는 출판 현실에 부딪혀, 이것은 사역이 아닌 사업(Business)이라는 생각이 들곤 했다. 차라리 사업을 다시 시작하여 선교사들을 후원하는 것이 더 보람된 삶이 아닐까 고민하게 되었다.

답답한 마음으로 새로운 방향을 찾고 있던 중, 독일의 브루스(Bruth) 씨라는 금발의 노신사 한 분이 힐튼호텔에 와서 한국의 출판사들을 대상으로 30분씩 할당하여 서구의 책을 소개한다며, 나에게도 만나자는 연락을 해 오셨다. 나는 모르는 게 많다고 전한 후 저녁 식사를 대접하며 이야기를 나누기로 했다.

한국 문화재 등 관광을 했느냐 물으니 10년 동인 매년 한 번씩 한국에 왔는데 안내해 주는 사람이 없었단다. 마침 다음 날이 토요일이라 비원과 경복궁 등을 안내해 드렸다. 그리고 주일날 내가 출석하는 교회에서 함께 예배를 드렸다. 3일간 많은 대화를 나누었다. 출판사를 시작하게 된 개인적인 간증을 나누면서 나는 하나님께서 얼마나 살게 해 주실지 모르는데 정말 어영부영 살 수 없다, 내 삶이 복음의 진보를 위해 전략적이고 효율적으로 사용되기를 원한다고 말했다.

특히, 나는 그때 복음의 전달 방법에 많은 허전함을 느끼고 있었다. 제임스 케네디 목사님이 만든 '전도폭발'의 내용을 미국 남침례교단에서 진단(Feed Back)한 결과, 사람은 13주 이상의 프로그램은 힘들어한다는 것을 발견하여 16주 전도폭발의 내용을 13주로 줄여서 '연쇄전도훈련'이라는 프로그램을 만들어 전 세계에 보급했다. 이것은 영향력 있는 전도 프로그램으로, 내가 출석하던 삼호교회는 이 프로그램의 기지 교회였다. 목회자들을 초청하여 교육시키고, 나는 그때 시범을 보이기도 하면서 참여했다. 또 교회에서 계속 적용했고, 매년 침례교단의 작은 교회 열 교회를 선정하여 담임목사님들을 오시게 한 후 훈련에 참가하게 하고, 여름에는 대학·청년부 백여 명이 내려가서 복음을 전했다. 우리는 방문하기 3개월 전부터 전도 대상자들의 정보를 받아 성령의 역사를 기대하는 기도를 드리고 내려갔다. 그렇게 복음을 전했을 때 70~80퍼센트가 함께 영접 기도를 드렸다. 겨울에는 30~40명의 집사님들과 3~4교회에 가서 같은 방법으로 복음을 전했다. 전도 여행을 마치고 돌아와 주일 저녁 예배 시간에 너도나도 간증을 할 때면, 영혼에 대한 사랑으로 눈물 어린 감동의 물결이 이어졌다.

대학 3학년생인 수진 자매는 어느 할아버지께 복음을 전했단다. 귀가 안 들린다고 하셔서, 글씨는 읽을 수 있으시냐고 물으니 그렇다고 하셨단다. 그래서 20~30분 말로 전해드릴 것을 2시간 이상 노트에 계속 써 가면서 복음을 전했는데 할아버지께서 너무 좋아하시며 영접 기도를 하시더라는 것이다. 너무 기쁘고 감격해서 교회에서 엉엉 울었다고, 간증 예배 시간에도 우느라 말을 잘 잇지 못했다.

그렇다. 이렇게 잘 정돈된 복음은 복음을 전하는 자에게 탁월한 감동과 훈련이 되었다. 우리가 성령의 도우심을 기대하며 기도드리고 전할 때에 완고하던 분들이 순한 양처럼 따라서 기도하는 모습을 보면 하나님이 함께하시는 감동과 영혼에 대한 소중한 열정을 갖게 된다.

여름, 겨울 전도 여행의 실무 책임을 맡았던 나는, 영접했던 수백 명의 사람들이 교회에 출석하여 신앙생활을 잘하고 있는가 진단해 보았다. 그런데 10퍼센트는커녕 5퍼센트도 남지 않은 경우가 대부분이었다. 물론 뿌린 복음의 씨가 헛되지 않아 몇 년 후에라도 열매로 맺히는 경우가 있긴 하다. 그러나 해를 거듭할수록 허전함은 더해 갔다. 복음의 내용과 능력은 변함이 없지만 전달 방법에는 변화가 있어야 한다는 생각이 자꾸 들었다.

또 하나는 그리스도인의 삶의 문제였다. 세상은 예수를 믿는 사람들에게 차별화 된 삶을 요구한다. 하지만 교회에 다닌다는 사실을 빼고는 차별화 된 삶을 살지 못하는 현실이 전도의 현장에서 많은 세상 사람들에게 설득력이 없었다.

나는 브루스 씨에게 이 이야기를 하며 무언가 체계적인 시스템이 있는, 성령의 임재가 계속 증가하여 삶이 감동적으로 변하며 시대적인 상황에 탁월하게 역사하는 그런 책이나 프로그램이 없을까를 물었다. 그리고 복음의 진보에 힘 있게 사용되고 싶다는 열망을 간절히 전했다.

브루스 씨에게 감동이 있었나 보다. 이듬해에 한국에 와서 나를 찾으시더니 〈인생의 의문점들〉(Questions of Life) 등 알파코스와 관련된 몇 가지 책들을 소개하며 이 책들을 계약, 출판하고 영국에 가서 공부하여 알파코스를 통해 행복하게 살아 보란다. 덧붙이시는 말씀이, 세계에서 가장 신뢰받는 여론 조사 기관인 갤럽의 조지 갤럽 총재가 "지난 50년간의 모든 기독교 사역을 진단한 결과 알파코스가 가장 성경적이며 파워풀하다"고 했단다.

"그대가 헛되이 보낸 오늘은 어제 죽어 간 이가 그토록 살고 싶어 하던 내일이다."

- 조창인, 〈가시고기〉 중에서 -

알파코스

〈인생의 의문점들〉 등 알파코스와 관련된 모든 자료들을 발간하며, 또 매년 영국에 가서 배우고 토론하며 나는 알파코스에 매료되기 시작했다.

알파코스는, 1970년대 중반 찰스 만함(Charles Marnham)이라는 분에 의해 영국에서 처음 시작되었다. 서구의 17~30세 젊은 지성인들이 썰물처럼 교회를 떠나기 시작했을 때 이들이 왜 교회를 떠나는가 설문 조사를 해 보았단다. 첫째는 하나님의 사랑을 말로만 하지 말고 실제 삶으로 보여 달라, 둘째는 하나님의 존재를 증명해 달라는 대답으로 요약되었다고 한다. 어쩌면 각종 데이터와 표현의 뉘앙스가 조금 다를 뿐, 1990년대 후반부터 2000년대 초반 한국의 젊은 지성인들이 고민했던 내용과 본질은 똑같은 것이다.

알파코스는 어바인(John Irvine)과 니키 리(Nicky Lee)를 통해 점점 발전되어 왔다. 그리고 니키 검블(Nicky Gumbel)에 의해서 체계화되고 크게 확장되었다. 니키 검블은 이튼스쿨을 졸업한 후 케임브리지 대학교에서 법률을 공부하여 변호사를 하다가, 옥스퍼드대학교에서 신학을 공부한 후, HTB(Holy Trinity Brompton) 교회에서 부사역자로 섬기다가 현재는 그 교회를 담임하고 있다. 그는 1990년부터 알파코스를 체계화하고 자료를 잘 정리하여 1993년부터는 전 세계로 보급하였다. 그리하여 현재 알파코스는 112개 이상의 언어로 출판되고 169개국에서 적용되는, 이 시대 최고의 전도 프로그램이 된 것이다.

지난 2013년 5월, 런던의 로얄 알버트 홀에서 개최된 알파 리더십 컨퍼런스에 한국 대표로 참석하면서 나는 다시 한 번 충격적인 도전을 받았다. 5,500명의 전 세계 지도자들, 특별히 예수를 구주로 믿는 모든 나라, 모든 교파를 초월한 지도자들의 연합이 아름다웠다. 팀 휴즈와 달린 첵 등 세계적인 찬양 인도자들의 찬양이 더욱 뜨거운 감동의 시간으로 이끌기도 했다. 시카고 윌로우크릭의 빌 하이벨스 목사님의 특강에 "알파코스는 이 시대뿐 아니라 기독교 역사상 최고의 전도 프로그램이다"라는 적용의 감동을 외칠 때 모두가 뜨겁게 기립 박수를 보냈다. 빌 하이벨스 목사님은 알파코스에 대해 다음과 같이 이야기하신 분이다.

> "알파코스는 비그리스도인과 교회, 그리고 예수 그리스도 간
> 의 단절된 관계를 연결시키는 프로그램입니다. 알파는 세상
> 에서 가장 잘 알려진 전도 프로그램의 하나입니다. 나보다 알
> 파의 효과를 더 잘 경험한 사람은 없을 것입니다. 나는 알파

코스의 비전과 사역에 큰 박수를 보냅니다."

수많은 전도 프로그램이 한국 교회 부흥에 기여했고, 지금도 기여하고 있다. 그러나 그 수많은 프로그램들이 예수님에 대하여 소개하는 데는 탁월하지만, 예수님을 인격적으로 만나게 하는 데는 부족함을 수없이 경험했다. 우리의 섬김과 복음의 능력과 성령의 도우심으로 예수님을 만나는 신약성경의 전도 원리 그대로를 적용한 알파코스야말로 전 세계가 답이다 할 때 우리에게도 답이다. 나는 한국 교회가 알파코스를 바르게 이해하게 해 달라고 눈물로 기도했다. 공격하는 사람들이 지적한 개 교회 현장이 보여 준 성령의 나타나심과 기적들은 알파의 내용 어디에도 없다.

알파코스의 본질을 바르게 이해하고, 전 세계에서 40년 동안 수천만 명이 예수님을 경험(영국에서만 250만 명 이상의 젊은이들이 경험)하면서 최적의 코스로 정돈된 현재의 매뉴얼대로 적용하며 성령의 도우심을 간구할 때, 전도가 이벤트로 끝나는 것이 아니라 하나님을 경험하며 정착하여 삶으로 섬기는 감동의 교회로 부흥할 것이라 확신한다.

2014년 3월에는 〈크리스채너티 투데이〉(Christianity Today) 한국판에 "'명목상 그리스도인'이 불신자가 되기 전에 교회가 할 일은"이라는 제목으로 기사가 실렸다. 그중 풀러 신학교 명예 교수이며 〈교회의 거듭남: 탈기독교 세계에서의 사역을 위한 바울의 비전 적용〉의 저자인 에디 깁슨(Eddie Gibbs)의 기사가 눈에 띄었다. 그는 '지속적인 제자훈련'의 중요성을 강조했다. 그의 말을 빌려 보면,

연구에 따르면 '명목상의 그리스도인'은 대개의 경우 결국엔 '불신자'가 되고 마는데, 이러한 상황에서도 고무적인 결과를 보이고 있는 프로그램으로 그는 알파코스를 이야기한다. 실제로 알파코스는 교회를 다녀 본 적이 없거나 교회를 싫어하는 영국 사람들에게 복음의 기본적인 진리를 소개하기 위하여 시작되었다. 이후 알파코스는 전 세계로 뻗어 나갔고, 현재는 2,900만이 넘는 사람들이 알파코스에 참가했다.

진정한 회심은 예수님의 제자 된 삶에의 결단으로 이어진다. 때문에 이들의 삶은 교회뿐 아니라 가정과 직장 등 일상에서의 삶에서도 그리스도인다운 모습을 드러낸다. 이는 모두 관계 중심적이고 다른 사람들을 판단하지 않는 분위기 속에서 진행된다.

알파코스는 우선 전도 대상자들에 대한 표현부터 신선했다. 전도 대상자들을 '게스트'(Guest)라고 표현한다. 최고의 손님으로 모시겠다는 것이다. 흔히 전도 대상자를 지칭할 때 '불신자'란 표현을 많이 쓴다. 예수를 모르니 가르쳐야 할 대상 혹은 세상 신에 지배된, 우리가 정복해야 될 대상으로 보았다는 표현이다.

그렇다. 우리의 시각은 전도 대상자를 하나님의 사랑이 가장 필요한 최고의 손님으로 보는 시각으로 변해야 한다. 그리고 그들을 최고의 손님으로 존중하며 정중히 모실 때 그들도 우리의 이야기를 경청하지 않을까?

알파(ALPHA)에는 다음과 같은 의미가 포함되어 있다.

A의 의미는 '누구라도 환영합니다'(Anyone can come)

환영의 대상은 기독교 신앙에 대해 좀 더 자세히 알기 원하는 모든 사람들이다.

L의 의미는 '웃고 즐기며 배웁니다' (Learning and laughter)

우리는 기독교 신앙에 대해서 배우는 것과 큰 즐거움을 얻는 것이 동시에 가능하다고 믿는다.

P의 의미는 '함께 모여 음식을 나눕니다' (Pasta)

알파에서의 식사는 우정으로 형성된 음식 그 이상의 깊은 의미가 있다.

H의 의미는 '서로가 서로를 돕습니다' (Helping one another)

토크, 리더와 헬퍼의 은사, 그리고 게스트들 간의 서로 돕는 모습은 사람들을 변화시키기에 충분한 요소이다.

A의 의미는 '무엇이든지 물어볼 수 있습니다' (Ask anything)

알파에서 단순하다고 여기는 질문은 없다. 적대적이라고 여기는 질문도 없다. 어떤 질문이든 환영한다.

1. 식사

최고의 손님! 그렇다면 어떻게 대해야 할까? 알파코스는 일주일에 한 번씩 모인다. 그리고 그 시간은 식사와 이야기(토크), 그리고 소그룹 토론으로 구성된다.

다른 것도 물론 좋지만 식사를 먼저 하는 것은 정말 멋지다.

브레넌 매닝(Brennan Manning)은 그의 책 〈나를 이처럼 사랑하사〉 (A Glimpse of Jesus)에서 다음과 같이 말하고 있다.

"오늘날 사회적 지위를 추구하는 사람들은 저녁 식사 손님을 선별하며, 자기가 잘 보이고 싶은 사람들을 위해 공들여 준비한다. 그들은 상대 쪽에서도 자기를 초대해 주기를 바라며 초조히 기다린다. 우리 시대의 권력 실세들과 사회의 마당발들은 의식적으로든 무의식적으로든 공동 식사라는 의식의 위력을 과소평가하지 않는다. 예수의 초대 손님인 죄인들은 식탁 교제의 의미가 단순한 예의와 호의 이상임을 잘 알았다. 그것은 화평과 수용과 화해와 우애를 뜻했다. 한스 큉의 말처럼 '예수께 있어, 독실한 신자들(당대의 바리새인들, 서기관들)에게 배척당한 이들과의 이러한 식탁 교제는 한낱 너그러운 관용과 인도적인 감상의 표현 정도가 아니었다. 그것은 그분의 사명과 메시지의 표현이었다. 즉 도덕적 실패자들까지 포함하여 예외 없이 모두를 위한 화평과 화해였다.'"

〈매력적인 교회〉(The Provocative Church)의 저자이자 신학자인 그레이엄 톰린(Graham Tomlin)은 '알파, 그 내포적 신학'이란 탁월한 강의에서 알파의 식사를 이렇게 격상시킨다.

"여기에 종말을 고대하는 식사가 있다. 내가 알파의 식사에 대해서 좋아하는 것 중 하나는 모든 이가 환영받는다는 것이다. 우리는 모든 사람들에게, 그들이 함께 저녁 식사를 하기에 합당한 사람인지 묻지 않는다. 그들이 바른 교리를 믿는지 혹은 올바른 방식으로 행동하는지 묻지 않는다. 우리는 그저

'오세요, 우리와 함께 식사합시다' 라고 한다. 주의 만찬이 종말에 대한 고대함이 되었듯이 알파의 식사도 마찬가지다. 우리가 함께 베풀고 먹고 참여하는 식탁 교제는 우리가 언젠가 즐기게 될 부활의 날, 바로 그날의 하늘나라 잔치에 대한 고대함이다. 우리가 교회에서 성찬을 더 이상 집례하지 말고 그 외의 다른 어떤 예식을 갖자고 하는 게 절대 아니다. 물론 우리는 성찬을 잘 지켜야 한다. 알파에서의 식사는 예수님이 유월절을 이해하신 방식에 비추어 부활을 그리고 종말을 미리 맛보는 것과 통한다. 여기에 분명 무언가가 있다. 우리는 함께 교제를 즐길 수 있다. 실제로 먹을 음식이 있다. 하나님의 실재(Reality)를 참으로 경험한다. 그러나 이 식사는 앞으로 올 더 좋은 무언가를 미리 맛보는 것이다. 우리는 사람들로 하여금 훨씬 더 좋은 무엇을 여기서 미리 맛보게 한다.”

특히 알파코스가 한국에 도입되어 적용되면서 한국 특유의 정(情)적인 문화와 손님 대접하기를 즐기는 민족의 특성까지 잘 살려 참으로 정성된 식탁을 준비하고 있음을 많은 교회에서 볼 수 있었다.

몇 년 전이다. 알파코리아 고문으로 섬겨 주시고 한국기독교장로회 교단에 알파코스를 접목시키시려 애쓰시던 중 소천하신 이중표 목사님과 대화한 내용이 생각난다.

“알파코스는 호남이 잘하겠어요.”

"왜요?"

"호남이 음식을 잘하잖아요."

지금 알파코스를 적용하는 전국의 교회들을 보면 음식을 정말 정성껏 준비하고 있다.

2007년부터 2008년까지 알파코리아 이사장으로 섬겨 주신 윤희주 목사님이 담임하시는 대구성덕교회는 노인대학을 노인 알파코스로 성공적으로 적용하여 전국 교회의 노인 알파 적용에 많은 도움을 준 교회다. 식사를 잘 대접하다 보니 식사 후 토크 시간만 되면 조서서, 노인 알파 시간만큼은 토크 후에 식사를 하신단다. 소그룹 시간에는 대화를 하시느라 졸지 않으시기 때문이다.

금강산도 식후경이라 하지 않았던가. 정성스런 식탁으로 환영을 한 후에 재미있는 이야기로 복음을 전달하는 것, 이것은 정말 탁월한 발상이다.

2. 환영

40분간의 식사를 마친 후에는, 와 주신 것에 대해 감사하며 짧은 환영 인사를 한 후에, 토크 주제에 맞는 주별 추천 도서를 소개한다(10분). 참 수준 높고 멋지다.

어느 통계에서 보니 현 25세의 젊은이들이 25만 번 이상의 TV 스팟 광고를 보며 자랐다고 한다. 25만 번 이상의 충동적인 광고는 사람들을 정서적으로 불안하게 하고, 외로움을 가지고 계속 채널을 돌리는, 집중하지 못하는 젊은이들로 만들어 버린다는 것이다.

그러나 책은 사람을 묵상하게 하고 정서적으로 안정감을 준다고 하니, 책을 보게 하는 것은 시대적으로 꼭 필요한 일이다. 국내 모 신문사에서 거실에 있는 TV를 없애고 거실을 서가로 만드는 운동을 하는 것을 보고 참 시기적절하다는 생각을 했다.

책 소개 후에는 유머를 통해 웃음으로 마음을 열게 한다. 윌리엄 제임스(William James)는 "기쁘기 때문에 웃는 것이 아니라 웃기 때문에 기뻐진다"고 했는데, 아는 유머라도 처음 듣는 것처럼 신나게 웃으라고 권한다.

새들백 교회의 릭 워렌(Rick Warren) 목사님은 4H, 곧 Human(인간), Humanity(인간성), Humility(겸손), Humor(유머)의 네 단어는 모두 한 근원에서 나온 단어라며, 겸손한 사람이 잘 웃고 스트레스 지수를 감소시킨다고 했다.

알파코리아 이사로 섬기시는 강문호 목사님께서 전화를 주셨다. 성막 전문가이신 목사님께서 여름에 이스라엘로 공부하러 가시는데, 유머도 품격이 좀 있어야 하지 않겠느냐고 하시며 탈무드의 유머 자료를 모아 올 테니 책으로 내자고 제안하셨다. 그래서 〈탈무드의 고급 유머〉 1, 2권을 출간하였는데 오랫동안 목회 자료 부문 베스트셀러가 되었다.

서문에 나오는 유머 하나를 소개해 본다.

> 잘 살던 부부가 의견 충돌로 이혼하기로 합의하였습니다.
> 모든 것을 공평하게 반씩 나누어 갖기로 하였습니다.
> 은행에서 돈을 찾아 반씩 나누었습니다.

땅도 반씩 나누었습니다.
집도 팔아서 반씩 나누었습니다.

그런데 문제가 생겼습니다.
자녀가 11명이었습니다.
서로 많은 자녀를 맡겠다고 주장하였습니다.

도저히 타협이 되지 않았습니다.
랍비에게 나누어 달라고 요청하였습니다.
랍비가 말했습니다.
"하나 더 낳을 때까지 살아라."

부부는 랍비 말을 듣고 집으로 달려갔습니다.
"빨리 아이를 만들어 이혼하자."
집으로 오자마자 침대로 들어갔습니다.
그런데 얼마 후 태어난 아이가 쌍둥이였습니다.

부부는 하나님의 뜻을 해석하였습니다.
"이혼하지 말라고 하시는 뜻이다."
그 후 이들은 행복하게 살았습니다.

어느 의학 서적에서 웃음을 강조하면서 다섯 살 나이의 아이들
은 하루에 평균 150번을 웃고, 45세 된 중년은 하루에 평균 8번을

웃는다고 한다. 웃으면 전신운동이 되어 많이 웃을수록 늙지 않는 단다. 박장대소하며 통쾌하게 웃는 삶이 되면 좋겠다. 웃음은 서먹서먹함을 없애고 마음을 열게 한다.

3. 찬양

환영 인사와 책 소개와 유머를 마친 다음에는 10분 동안 찬양을 한다. 한국에서는 3, 4주까지 건전 가요를 부르는 교회가 많다. 왜냐하면 4주까지 머무는 사람들은 대개 끝까지 남는데, 4주까지는 어색하지 않게 적응하도록 그들의 입장에서 배려하는 것이다.

나는 강의 시간에 종종 영화 '흐르는 강물처럼'의 내용과 대사를 소개한다. 아버지 맥클레인 목사님과 두 아들이 미국의 몬테나 주 아름다운 강에서 무지개 송어 낚시를 하는 장면이다.

둘째 아들의 낚싯줄에 커다란 무지개 송어가 물리자 아들은 흐르는 물속으로 막 휩쓸리면서도 끝까지 놓치지 않고 송어를 낚아 채 올렸다. 아버지가 "참 훌륭한 낚시꾼이 되었구나" 하니 둘째 아들이 "물고기처럼 생각하려면 3년은 더 걸리겠어요"라고 말하는 대목이다.

그렇다. 물고기처럼 생각하면 얼마나 낚시를 잘할까. 우리가 게스트의 입장에서 그분들을 이해할 수 있다면, 그분들이 얼마나 편안한 가운데서 복음을 이해하며 하나님의 실재에 대해 경험하는 탁월한 기회가 될까. 물론 알파의 찬양 사역에선 (예수를 믿지 않는) 게스트들도 교회는 '하나님을 찬양하는 곳'으로 알고 오기 때문에 처음부터 하나님을 찬양하는 곡으로 할 수도 있다고 가르친다. 이런 것은 교회의 형편에 따라서 하면 좋을 것이다.

제자 훈련으로 건강한 교회가 되어 주목을 받고 있는 호산나교회 최홍준 목사님도 말씀하신다. "우리 교회도 새 생명 축제를 할 때는 18년 전부터 그들의 노래를 부른다"고. 이처럼 알파에서는 처음에는 그들의 노래를 섞어서 쉬운 곡의 찬양을 부르다가 점점 생명 되신 예수님이 잘 표현된 곡으로 옮겨 간다. 그리고 주말수양회 때는 모두가 눈물을 흘리며 하나님을 찬양하는 모습을 보며 섬기는 사람들도 함께 감동의 찬양을 부른다.

4. 이야기(토크, Talk)

찬양 후에는 45분간 이야기를 한다.

알파코스 전체 이야기의 주제는 15개로 되어 있다.

1주: 예수님은 누구신가?

2주: 예수님은 왜 돌아가셨는가?

3주: 어떻게 나의 믿음을 확신할 수 있는가?

4주: 왜 그리고 어떻게 기도해야 하는가?

5주: 왜 그리고 어떻게 성경을 읽어야 하는가?

6주: 하나님은 어떻게 우리를 인도하시는가?

(6주 후에 주말수양회 장소에 가서)

1. 성령님은 누구신가?

2. 성령님은 무슨 일을 하시는가?

3. 어떻게 성령으로 충만할 수 있는가?

4. 어떻게 하면 남은 삶을 최대한 선용할 수 있을까?

(주말수양회에 다녀와서)

7주: 어떻게 악에 대항할 수 있는가?

8주: 왜 그리고 어떻게 전도해야 하는가?

9주: 하나님은 오늘도 치유하시는가?

10주: 교회란 무엇인가?

초대만찬: 지금보다 나은 그 이상의 삶이 있을까?

이 주제로 설교하거나 가르치려고 애쓰기보다는, 재미있고 쉬우며 거부감이 없도록 듣는 게스트의 언어로, 그러나 복음의 내용은 정확하게 이야기 식으로 전달하면 된다.

휘튼 대학원 교수이자 전도학 석사 프로그램의 책임자이며, 미국 IVF의 전도 담당 협동 간사인 릭 리처드슨(Rick Richerdson)이 지은 〈스타벅스 세대를 위한 전도〉(Reimagining evangelism)에는 이 시대의 전도가 잘 설명되어 있다. 특히 여행 안내자로 설명한 전도자의 이미지는 탁월하다.

"전도란 하나님이 이 세상과 우리의 영혼 속에 자리 잡은 어둠의 세력을 궁극적으로 이기신다는 이야기를 말해 주는 일이다. 전도란 사람들이 그 큰 이야기 속에서 자신의 역할을 찾도록 초대하는 일이다 … 어떻게 우리가 그런 이야기꾼이 될 수 있을까? 어떻게 우리가 더 큰 이야기의 차원을 회복하여, 그 이야기가 우리의 여행 동반자인 추구자 친구들에게 직접 다가가게 할 수 있을까? 어떻게 우리가 포장된 복음을 넘어서서, 희망과, 치유와, 어둠에 대한 승리의 좋은 소식으로 나아갈 수 있을까? 나는 이런 이미지들이 당신의 가슴에 새로운 갈망을 불러일으키게 되기를 소망한다. 전도를 다시 상상해 보고 싶은, 증인이며 여행 안내자로서의 역할을 기꺼이 담당하고 싶은 갈망을."

CWT 전도 여행을 함께할 때가 생각난다. 나는 이 말에 동의한다.

"영적 여정에 있는 사람들과의 대화라는 전도의 정의는 모든 면에서 우리가 갖고 있는 전도에 대한 그림과 그 방식을 바꾸어 놓는다 … 우리는 대부분 전도에 대해 생각만 해도 마음이 무거워진다. 옛 모델은 만나는 모든 사람에게, 그들을 잘 알든지 모르든지, 또 상황이 영적인 대화를 하기에 적절한지 아닌지에 상관없이, 항상 복음을 전하라고 한다. 우리는 친구 관계를 만들어야 하고, 낯선 사람에게 말을 걸어야 하며, 불신자들과 성경 공부를 해야 하고, 복음을 전해야 하며, 그리스도를 영접하라고 초청하고 사후 관리를 해야 한다. 이런 일들을 실행할 생각을 하면, 아니, 이 목록을 읽기만 해도 부담스럽지 않은가? 하지만 우리는 당연히 이 정도는 해야 한다고 느낀다."

우리가 하려는 부담감으로 가르치려 하니까 게스트들이 부담스럽다. 그러나 자연스럽게 이야기하여 하나님의 손길을 찾아가는 여행 안내자의 역할은 즐겁지 않은가?

"만일 우리가 성령님의 실재와 역할을 재발견한다면 어떨까? 우리 자신을 행동주의자가 아니라 동역자로 여기고, 하나님이 이미 일하고 계시다는 실마리를 찾으며, 하나님이 우리에게 신호를 보내시길 기대하며, 언제나 기도하는 자세로 불신자를 대한다면 어떨까? 아마도 전도는 모든 일을 내가 이루어야 한다는 부담이 아니라, 하나님의 손길을 찾아 나가는 모험이 될 것이다."

그는 또한 다음과 같은 견해를 제시한다.

"오늘날 사람들은 논리나 진리가 명제로나 교조적으로 제시될 때 불신하는 경향이 있다. 그러나 진리가 우리 삶의 이야기 속에 육화(肉化)될 때에는 흥미를 느낀다. 우리 문화는 이야기하는 문화이며, 이는 부분적으로 모든 영역에 침투해 있는 미디어의 영향 때문이다. 영화와 책은 진리와 가치에 대한 문화적 담론을 이야기에 담아낸다."

이러한 릭 리처드슨의 이야기를 우리 주변에서 찾아보자.
영화 '크로싱'은 충격이었다. 북한의 탄광에서 일하는 주인공은 영양실조에 폐결핵까지 걸린 임신한 아내를 어린 아들에게 맡기고, 아내의 약을 구하고자 죽음을 무릅쓰고 압록강을 건너 중국으로 간다. 약은 구했으나 공안들을 피해 서구 대사관으로 많은 무리들과 함께 피했다가 원치 않게 그 무리에 섞여 남한으로 오게 된다. 그 사이, 아내의 병세가 더 악화되어 죽었다는 소식에 주인공이 몹시 괴로워하자, 이를 본 예수 믿는 공장장이 "예수님이 함께 계시지 않느냐"며 위로한다. 이에 주인공은 "예수는 남조선에만 산단 말입네까?" 하고 울부짖는다. 그러던 중 주인공은 브로커를 통해 아들을 탈북시키려고 노심초사한다. 수많은 고난 끝에 중국과 몽골의 국경으로 아들이 넘어오게 되고, 주인공 아버지도 아들에게 주려고 산 선물과 비타민을 가지고 몽골 공항으로 간다. 그런데 이 비타민을 불순한 것으로 간주하여 세관에서 조사를 받는 사이, 아들은 국경으로 넘어오는 도중에 문제가 생겨 황량한 고비사막 중간에서 죽게 된다. 그렇게 죽은 아들의 시신을 발견하고 고비사막에 묻으며, 아들과 행복하게 공을 차던 지난날을 떠올린다.

아내와 함께 영화를 보고 나와 식사를 하는데 밥을 먹을 수가 없었다. 몇 달 후 한 잡지에서 이 영화를 만든 감독의 인터뷰 기사를 보았다. 실화란다. 영화 투자자들이 해피엔딩을 원했지만 그럴 수가 없었단다. 그리스도인인 감독은 아들을 고비 사막에 묻고 몽골 공항에서 억수로 쏟아지는 소나기를 맞는 주인공의 모습을 스크린에 담았는데, 그때 쏟아진 소나기는 하나님의 눈물을 묘사한 것이라고 한다.

그렇다. 성경 전체는 세대와 문화와 시간을 초월하여 하나님이 열정적으로 인간을 회복시키시는 역사적 사건인 하나님의 지칠 줄 모르는 사랑 이야기다.

최근 약 15년간 베스트셀러로 많은 아버지들을 울린 소설 〈가시고기〉를 보자. 백혈병에 걸린 아들을 돌보는 주인공 아버지. 주인공의 아내는 다른 남자와 함께 파리로 미술 공부를 하러 떠나고, 아버지는 아들의 병을 치료하기 위해 집을 팔고 글을 써서 아들의 치료비를 마련하기 시작한다. 필수품인 노트북 컴퓨터를 팔고 나중엔 아들의 골수 이식을 위해 한쪽 눈의 각막까지 팔지만, 말기 암에 걸려 아들을 파리에 있는 엄마에게 보내고는, 아들이 믿으라던 예수님을 믿으며 아들이 있는 곳을 향하여 앉은 채로 주인공은 죽어 간다.

가시고기는 새끼들이 자라 아비 곁을 떠나고 나면 자기 몸을 바위에 부딪쳐 죽는단다. 이 슬픈 소설의 이야기는 한동안 노래로, 또 연속극으로 우리를 눈물짓게 했다.

어디 영화나 소설뿐인가? 하나님께서 독생자 예수님을 죄인들을 위해 이 땅에 보내시고 십자가에 달려 돌아가시게 하시기까지 우리를 사랑하신 이야기는 사랑 이야기의 클라이맥스가 아닌가! 이 사랑 이야기를 전하는 데 있어 알파코스는 최적의 환경에서 최적의 방법으로 전하는, 이 시대에 가장 적합한 전도 방법이라고 하겠다.

우리는 우리 자신의 이야기와 하나님의 사랑 이야기를 회복해야 하며, 알파코스야말로 그 이야기를 우리가 사랑으로 다가가기를 원하는 사람들의 이야기와 연결하는 최적의 통로다.

5. 소그룹

45분간 이야기를 듣고 난 후, 15분간 차와 과자 및 과일 등을 먹으면서 휴식을 취한다. 나는 10년 이상 연쇄전도훈련을 다니면서 (수많은 사람들에게 충분히 의견을 개진할 시간을 주지 않은 채) 영접 기도를 시키는 데 탁월한 사람이라는 소문이 났었다. 그런데 영접 기도를 한 사람들 중에는 교회에 정착한 사람보다 정착하지 않은 사람이 더 많았다. 다른 여러 이유가 있겠지만, 스스로 자기가 가진 의문을 해결하고 결단하도록 도와주지 못했다는 생각이 든다. 다시 말하면, 예수님에 대하여 이해가 된 상태일 뿐, 아직 믿어지지 않았는데 영접 기도를 강요하지는 않았는가 하는 생각이다. 또 하나는, 그들이 사람들과의 관계 속으로 들어와 공동체의 구성원이 될 때 그 안에서 소속감을 느끼며 교회에 출석하게 되는데, 이것이 소그룹의 탁월한 관계 때문에 가능하다는 것을 깨닫게 되었다.

우리가 믿는 하나님은 '삼위일체' 하나님이시다. 성부, 성자, 성령의 세 위격이 한 분 하나님으로 존재한다는 뜻이다. 이 성부, 성자, 성령의 하나님은 서로 다르게 존재하지만 완벽하게 한 하나님이시다. 세 위격은 완전한 연합 가운데 거하며 서로 영광을 돌리신다. 하나님이 이렇게 삼위일체로 존재하신다는 것은 본질적으로 하나님의 중심에 '관계'가 존재한다는 것을 말한다.

그레이엄 톰린은 "우리가 삼위일체이신 하나님의 형상을 좇아 만들어졌다면 인간 존재의 본질 역시 관계"라고 말한다. 하나님의 형상(이미지)을 존재의 본질로 가지고 있는 우리 역시 이러한 하나님의 본질, 즉 관계를 존재의 핵심적인 요소로 가지고 있다는 의미이다. 다시 말해, 우리는 관계를 맺기 위해 지으심을 받은 것이다. 진정한 인간성은 개인이 아니라 개인들 간의 상호관계 속에서 발견된다. 우리는 다른 사람과 관계를 맺고 있을 때 비로소 진정한 인간이 될 수 있다.

알파코스에서 제일 먼저 하는 일은 게스트들을 '관계 가운데로 초대' 하는 것이다. 알파의 모임으로 들어오면 먼저 소그룹으로 배정한다. 게스트들이 이야기를 듣기 위해 기다리는 동안 혼자 멀뚱멀뚱 앉아 있도록 내버려두지 않는다. 이들이 오는 즉시 관계 속으로 초청한다. 그레이엄 톰린은 이러한 알파의 소그룹을 "놀라울 정도로 개방적이고 자유로운 그룹으로 변화하는데, 이는 그 안에서 얼마든지 솔직할 수 있고, 또 그들이 하고 싶은 대로 말할 수 있기 때문이다"라고 말한다. 그런데 이런 친밀한 관계는 어떻게 형성되는 것일까?

일차적으로 이것은 소그룹이 토론 중심의 관계이기 때문이다. 알파의 소그룹에서는 사람들이 일주일에 한 번씩 만나 심도 깊은 내용과 중요한 질문들을 갖고 서로 토론한다. 또 다른 측면에서는 우리의 인간성과 관련되어 있는데, 그레이엄 톰린은 다음과 같이 말한다.

"서로 분리되어 있고 퍽 외로운 문화 가운데 살고 있는 이들을 관계 안으로 초대하기 때문이다. 엄밀히 말해 그들을 창조하신 목적인, 연합하여 살아가는 관계 가운데로 그들을 이끌기 때문이다. 관계 속으로 이끌리는 경험과 다른 이들과의 관계 속에서 기독교 신앙을 발견하는 것에는 분명 무언가가 있다. 혼자나 일대일 관계가 아닌, 이러한 공동체적 관계는 우리 내면에 존재하는 그 무언가와 긴밀히 연결되고 또한 우리가 창조된 방식과 연결되기 때문이다."

신학자 본회퍼는 말한다.

"하나님께서는 사람이 고립되는 것을 원치 않으신다. 하나님께서는 남녀가 함께하는 인간 공동체를 원하신다. 개인을 흡수해 버리는 공동체가 아니라 여러 사람이 공존하는 공동체를 원하신다."

〈스타벅스 세대를 위한 전도〉에서 릭 리처드슨도 하나님은 전도하는 개인보다 전도하는 공동체에 관심을 가지신다고 말하고 있으며, 명성훈 목사는 〈명성훈과 떠나는 소그룹 여행〉이란 책에서, "소그룹은 하나님을 만나고, 다른 피조물과의 관계로 발전시키기 위한 가장 중요한 기초 단위이다. 인간을 소그룹 안으로 부르신 것은 하나님께서 의도하셨고 하나님께서 시작하신 사역"이라고 소그룹의 중요성을 강조한다.

랄프 네이버 역시 "소그룹은 그리스도인들 사이의 풍성한 관계를 위한 하나님의 '실제적인 디자인'"이라고 말하고 있다.

알파코스를 한국에 소개하면서 "손에 잡히게 해 달라", "막상 어떻게 시작해야 할지 모르겠다"고 하시는 목사님들의 말씀을 많이 들었다. 그래서 손에 잡히게 하는 것이 무엇이냐고 물으니 10주간 교회에서 적용하는 알파코스 내용을 3일이든 일주일이든, 그대로 재현해 보자고 하신다. 그래서 원래 매뉴얼에 있는 하루 일정의 '팀 트레이닝 데이'(Team Training Day)를 한국 교회 목사님들이 원하시는 대로 응용해 보았다. 컨퍼런스에서 설명하는 내용을 이틀 동안 강의하고, 3일간은 10주간의 알파코스 과정을 그대로 해 보는 4박 5일 수련회를 개최했다. 식사를 하고 토크를 듣고 소그룹을 편성하여 그대로 해 보았더니, 왜 사람들이 교회에 머물게 되는지를 아시겠다면서, 이제 감을 잡았다고 기쁘게 돌아가셨다.

흥미로운 것은, 주말수양회인 성령의 날 소그룹별 장기자랑 때, 재미있게 준비한 소그룹은 헤어지기 섭섭하여 사진을 찍고 주소를 나누며 아쉬워하는 모습을 보았다. 하지만 참여하지 않고 점잖게 뒷짐 지고 계셨던 분들은 헤어지는 것 또한 점잖게 헤어지는 것이었다. 자기가 경험한 것을 함께 나눌 때 관계가 깊어지며, 그것이 그리스도와의 관계로 나오도록 돕는 탁월한 통로가 된다는 것을 확인하게 된다.

영국에서 각 나라 참가자들과 토론을 한 적이 있다. 내가 한국에서 만든 이런 임상실험 프로그램을 소개했더니, 유럽에서 참가한 한 분이 한국 목회자들은 그렇게 한가하냐고 의아해했다. 그래서 나는 자신 있게 대답했다. "도움이 안 되면 한 시간도 아깝지만, 도움이 되면 열흘이라도 참석할 수 있지 않겠느냐"고.

소그룹으로 모이는 시간에는 어떤 질문이든 환영한다. 참석한 사람들은 기독교에 관한 여러 가지 궁금한 내용들을 질문할 수 있는데, 이때 니키 검블의 〈특별한 의문점들을 찾아서〉는 소그룹 리더에게 있어 좋은 참고 자료가 된다.

이 책은 소그룹 모임에서 가장 자주 제기되는 일곱 가지 주제들을 빈도순으로 나열하고 있는데, 가장 많이 제기되는 주제는 '왜 하나님은 고난을 허락하시는가?' 이다. 아무래도 전능하신 하나님께서 왜 인간의 고난을 해결해 주시지 않는지에 대한 궁금함이 가장 많은 듯하다. 이것은 믿음을 갖는 데 있어 가장 큰 방해 요소로 여겨지곤 하기 때문에 중요한 주제가 아닐 수 없다.

그 다음으로 제기되는 주제는 '다른 종교들을 어떻게 볼 것인가?' 에 대한 것이다. 예수 그리스도 말고도 다른 구원의 길이 있다고 믿는 종교다원주의적인 생각들이 사람들의 머릿속을 장악해 나가는 이때에, 이 주제는 반드시 짚고 넘어가야 할 문제임에 틀림이 없다.

그 다음으로 다루는 주제는 '혼전 성관계는 잘못된 것인가?' 에 대한 부분이다. '혼전순결' 에 관한 주제는 알파코스가 한참 진행된 후에도 자주 사람들이 도덕적인 이유에서 그리스도인이 되기를 꺼려하는 이유로 거론된다. 그만큼 수많은 젊은이들이 이 문제 앞에서 자꾸 넘어진다는 것일지도 모르겠다.

그 다음으로 다루는 주제는 '뉴에이지 운동은 기독교와 어떤 관계가 있는가?' 이다. 이 주제는 가끔씩 거론되는 문제이긴 하지만, 많은 사람들이 자신도 모르는 사이에 뉴에이지 사상에 물들어 가고 있다는 것은 놀라운 일이 아닐 수 없다.

다음으로 다루는 주제는 '동성애에 대한 그리스도인의 태도는 어떠한가?' 에 대한 것이다. 이것은 어쩌면 오늘날 가장 큰 이슈 중 하나가 아닐까 싶다. 성경은 이것을 엄격히 죄라고 단정 짓는다. 다만, 죄는 미워하되 죄에 빠진 사람은 반드시 건져 내야 하는 것이 우리가 해야 할 일이라는 것을 기억해야 한다.

다음은 '과학과 기독교는 서로 모순되는가?' 에 대한 부분이다. 과학과 기독교는 무언가 서로 대치되어 있는 것만 같아 보인다. 창조론과 진화론의 대립만 봐도 그렇다. 그러나 과학과 기독교, 과학과 성경은 서로 모순되지 않는다. 이 책은 과학과 기독교가 오히려 상호 보완적인 관계를 이루고 있음을 이해하기 쉽게 설명해 주고 있다.

마지막으로 다루는 주제는 '삼위일체설은 비성경적이고 믿을 수 없고 부적절한 것인가?' 에 대한 것이다. 삼위일체는 주로 이단이나 다른 종교를 가진 사람들에 의해 자주 제기되는 주제 중 하나인데, 삼위일체에 관한 질문으로 그리스도인들을 곤경에 빠뜨리는 일들이 잦아지면서 이 질문 또한 소그룹 모임에서 빠지지 않는 것 중에 하나가 되었다.

알파코스는 모든 내용과 자료들이 매뉴얼 화 되어 있다. 그렇기 때문에 적용하기도 쉽고, 복음의 내용을 이해하기 쉽게 효과적인 방법으로 전달할 수 있다. 그 한 예로, 니키 검블의 탁월한 강의를 엮은 책인 〈알파코스 운영방법〉(Telling Others)의 소그룹에 관한 내용을 토대로 강의하고 운영할 때 나타나는 감동을 한국의 수천 교회에서 확인하고 있다. 이러한 모습을 바라보며 하나님이 동행하심을 느끼는 행복에 진정으로 감사하는 삶을 살고 있다.

알파 결혼코스(행복한 부부생활을 위한 코스)

1985년부터 1990년까지 알파코스를 체계화하며 발전시키고 1990년에 절친한 친구인 니키 검블에게 알파코스를 넘긴 니키 리는 기도할 때마다 하나님께서 가정이 건강해야 교회와 사회도 건강해진다는 마음을 부어 주셨다. 그 당시 영국은 신생아의 38퍼센트가 미혼모에 의하여 출생하고, 이혼율 또한 40퍼센트가 넘는 등 이러한 가정의 문제들이 심각한 사회 문제로 대두되고 있었다.

니키 리는 교회가 해야 할 가장 중요한 사역 중 하나가 건강한 결혼 생활을 할 수 있도록 돕는 일이라고 생각했다. 그래서 그는 1985년부터 젊은이들이 결혼에 대한 건강한 가치관을 가지고 결혼할 수 있도록 알파코스와 같은 시스템으로 진행되는 5주간의 결혼준비코스를 고안, 실행에 옮겨 보니 정말 탁월한 효과가 있었다.

1996년부터 8주간의 시스템으로 알파 결혼코스(행복한 부부생활을 위한 코스)가 진행되면서 알파 결혼코스에 참석하여 가정이 회복된 사람이 알파코스를 참여하면서 생명이 살고, 알파코스에서 생명이 산 사람이 알파 결혼코스에 참여하여 가정이 회복되는 시너지를 이루게 되었다. 가정과 교회가 모두 건강한 행복으로 가득해지게 된 것이다. 현재 알파코스를 진행하는 전 세계 169개국은 물론, 알파 결혼코스는 정말 쉽고, 교리에 대한 이론이 전혀 없어 더 많은 국가가 적용하는 놀라운 일들이 일어나고 있다.

우리나라에서도 가정의 여러 문제들이 계속해서 사회적인 이슈로 대두되고 있다. 한국 교회 안에서 가정의 모습은 어떠한가? 겉으로는 화목해 보이나 안으로 들어가 보면 많은 부분이 곪아 있고 썩어 있는 가정들이 많지 아니한가? 그런데 이러한 가운데 듣게 되는 알파코스를 통해 가정이 회복되었다는 소식은 그야말로 소망의 소식이 아닐 수 없다.

인천영광교회에서 알파 결혼코스를 담당하며 현재 알파 결혼코스 어드바이저로 활동하고 계시는 박성수 목사님의 이야기를 들은 기억이 난다. 박성수 목사님과 사모님은 알파 결혼코스를 굳이 받지 않으셔도 될 것처럼 사이가 좋으시다. 그런데 그런 두 분 사이에서도 알파 결혼코스를 통한 유익이 발견되었다니, 놀라지 않을 수가 없었다. 두 분이 알파 결혼코스에 참석하기 전에는 목사님과 사모님의 사랑의 코드가 다른 부분도 있었다고 한다. 목사님도 사모님을 사랑하고, 사모님도 목사님을 사랑하지만, 사랑을 표현하는 방법과 그것을 받아들이는 코드, 흔히 얘기하는 사랑의 언어가 서로 달랐던 것이다. 목사님은 목사님의 언어로 사랑을 표현했지만 사모님의 사랑의 언어는 목사님과 달랐기에 그것을 사랑으로 느끼지 못했던 부분이 많았던 것이다. 그런데 알파 결혼코스를 통해 남자와 여자가 얼마나 다른지를 알게 되면서 서로에 대한 이해의 폭이 더욱 넓어지게 되었다고 고백하셨다. 그리고 알파 결혼코스가 자신들의 삶에 있어 얼마나 유익했는지를 계속해서 강조하고 계시다. 더 나아가, 목사님과 사모님의 변화된 삶의 긍정적인 영향들이 성도들에게까지 흘러가서, 교회가 더욱 성도들이 기뻐하는 교회로 바뀌어 가고 있다고 고백하신다.

알파 결혼코스 강의 때마다 말씀해 주신 예화 하나를 소개하고 싶다. 제목은 '사자와 소의 사랑 이야기' 이다.

사자와 소가 있었습니다. 둘은 너무나 사랑했습니다. 그래서 둘은 결혼하게 되었습니다. 그리고 서로 최선을 다하기로 약속했습니다.

소는 날마다 최선을 다하여 맛있는 풀을 가져다 사자에게 대접했습니다. 사자는 싫었지만 참았습니다. 사자도 날마다 최선을 다하여 맛있는 살코기를 가져다 소에게 주었습니다. 소도 괴로웠지만 참았습니다.

그러나 참을성에는 한계가 있었습니다. 둘은 어느 날 마주 앉아 이야기를 하게 되었고, 자칫 문제를 잘못 풀다 보니 큰 사건이 발생하였습니다.

사자와 소는 다투었고, 끝내는 헤어지게 되었습니다. 사자와 소가 헤어지며 서로에게 한마디 말을 남겼습니다.

"난 최선을 다했어!"

그렇다. 서로 다름을 인정하지 못할 때 갈등이 생기고, 다툼이 생기고, 그러다 보면 가정이 깨어지는 결과를 초래하는 것이다. 그런데 알파 결혼코스를 수료하며 고백하는 여러 간증들을 들어 보면 하나님이 어떻게 일하고 계신지를 보게 된다. 잦은 외도로 인하여 이혼 직전까지 갔던 한 가정은 알파 결혼코스를 통해 가정의 회복을 맛보았고, 서로간의 대화가 없어 서먹했던 한 가정은 알파 결혼코스가 진행되는 시간을 함께 보내며 대화하는 방법들을 배우게 되어 그 어느 때보다 행복한 시절을 보내고 있다는 고백을 들었다.

이러한 이야기를 들으며 알파코스를 통해 교회가 일어서고, 알파 결혼코스를 통해 가정이 회복되는 일들을 더욱 간절히 그리게 되었다. 또한 알파코스뿐만 아니라 알파 결혼코스에 관한 컨퍼런스도 요청해 오는 일이 잦아지면서 본격적으로 알파코스와 알파 결혼코스로 교회와 가정을 모두 살리는 일에 마음을 쏟게 되었다.

알파 결혼코스야말로 지금 이 시대에 꼭 필요한 코스가 아닐까 싶다. 가정의 문제는 결국 사회적인 문제로 대두될 수밖에 없다. 이미 틀어져 버린 부모의 관계는 오롯이 자녀들의 삶에도 영향을 미쳐, 자녀들의 삶이 비뚤어지게 만드는 원인으로 작용하게 된다. 더 잘못되기 전에 바로잡는 것이 중요하다. 가정을 바로 세우는 데 있어 알파 결혼코스는 아무리 강조해도 지나치지 않을 만큼 탁월한 프로그램이라고 자신할 수 있다.

알파 결혼준비코스

1985년 영국 HTB교회에서 처음 시작한 알파 결혼준비코스는 지금까지 여러 면에서 발전하였다. 처음에는 니키와 실라 부부의 가정에서 커플 몇 쌍이 모여서 시작했는데 이제는 영국의 HTB교회에서만도 1년에 세 번 실시되는 코스에 각 코스별로 120쌍 정도가 참여하고 있고, 전 세계로 확산되는 과정에 있다.

"알파 결혼준비코스는 우리 부부에게 너무나 값진 경험이었습니다. 4년 반이나 사귀었고 서로에 대해서 모르는 게 없다고 생각했는데, 코스에 참가하면서 많은 것을 알게 되었으며 도움을 많이 받았어요. 결혼한 부부들의 간증도 매우 인상적이었고 지금까지도 큰 도움이 되고 있어요. 무엇보다도 코스에 참여했던 시간이 매우 만족스러웠습니다."

"서로 이야기해야 하는 문제라고 생각하지 못했던 부분들까지 알파 결혼준비코스에서 다루어졌습니다. 우리의 관계는 더욱 깊어졌으며, 결혼 생활과 서로에 대한 기대감이 커졌습니다. 코스에 참여하면서 매우 즐거웠으며, 실질적인 충고를 많이 얻었어요. 코스에서 배운 내용을 평생 적용하면서 살겠습니다."

알파 결혼준비코스는 여러 사람들이 모인 그룹으로 진행하거나 가정에서 한두 커플이 모이거나 모임의 규모에 상관없이 실시할 수 있는데, DVD를 이용하여 코스를 운영하기도 하며, 참가자들 간의 대화를 위주로 운영해도 되기 때문에 코스 진행에 큰 어려움은 없다. 커플의 사생활은 존중되며, 사적인 내용을 제삼자에게 전달하거나 하지 않기에 그 어떤 걱정 없이 코스에 참여할 수 있다.

알파 결혼준비코스는 멋지게 결혼을 시작하고자 하는 모든 결혼 예정 커플들에게 열려 있다. 약혼 기간이 얼마나 되었는지 결혼 예정일을 잡았는지 여부는 중요하지 않다. 알파 결혼준비코스에서는 결혼의 진정한 본질을 강조하고 설명하기 때문에 이미 결혼해서 함께 살고 있거나 결혼에 대해서 좀 더 알고 싶은 사람들도 환영한다.

코스는 기독교 교리를 기반으로 그리스도인들이 진행하지만, 비그리스도인이나 교회에 다니지 않는 사람들이 참여해도 무방할 만큼 내용이나 진행 면에 있어 참석하는 사람들이 받게 될 부담은 없다. 코스에 참여하기 위하여 반드시 교회에 다녀야 하는 것은 아니라는 것이다. 영국 HTB교회에서 실시한 코스 참가자 중 절반은 예배에 잘 참석하지 않는 사람들이지만, 이들도 코스가 매우 도움이 되었다고 소감을 남겼다. 코스를 진행하는 사람들은 참석하는 사람들이 자기 신념과 맞지 않는 부분에 대해 말하거나 무언가를 하도록 강요하지 않는다. 그렇지만 자신이 중요하게 생각하는 가치관이나 믿음을 나눔으로써 결혼이 더 굳건해진다는 부분에 대해서는 함께 생각해 볼 기회가 주어진다. 알파 결혼준비코스를 통해 교회에 처음 참석하게 되어 이후 알파코스까지 참여하는 커플들도 많이 있다.

알파 결혼준비코스는 총 다섯 주에 걸쳐 진행되는데 그 내용은 다음과 같다.

- 첫 번째 만남 - 대화

  결혼 준비의 중요성 / 대화의 기술 / 효과적으로 말하기 / 효과적으로 듣기

- 두 번째 만남 - 헌신

  왜 결혼하는가? / 혼인 서약 / 함께 보내는 시간 / 충실해야 할 대상의 변화

- 세 번째 만남 - 갈등 해결하기

  분노 다루기 / 서로의 차이점 인정 / 재정 관리 / 서로를 용서하기

- 네 번째 만남 - 사랑 유지하기

  우정 키우기 / 서로의 필요 발견 / 육체적 관계 발전시키기

- 다섯 번째 만남 - 공동의 목표와 가치

  보폭을 맞추어 걷기 / 서로의 가치관 조정 / 동등한 파트너 되기 / 함께하는 신앙생활

알파 결혼코스

오늘날 영국의 결혼 제도는 위기에 처해 있다고 한다. 결혼한 다섯 쌍의 부부 중 두 쌍이 이혼을 하며, 그들 중 35퍼센트가 6년 안에 이혼을 하는 추세라고 한다. 젊은 부부들의 이혼도 문제이지만, 황혼이혼이라 하여 노년에 이혼하는 부부들도 늘어 가고 있는 추세다. 어떤 이들은 평생 동안 유효한 전통적인 결혼을 '짝짓기'와 '헤어지기'가 최대한 쉽게 이루어질 수 있는 계약으로 대치되어야 한다고 말한다. 이 얼마나 슬픈 현실인가.

알파 결혼코스의 목적은 결혼한 부부들이 평생 동안 지속될 강하고 친밀한 결혼을 건축해 갈 수 있도록 도와주는 데 있다. 함께 여덟 번의 저녁 시간을 보내면서, 부부들은 서로에 대해 그리고 자기 자신에 대해 새로운 사실을 발견한다. 매주 만남의 시간을 통해 더 많은 대화를 나누며, 서로가 서로에게 하고 싶었던, 그러나 꺼내기 힘들었던 이야기들을 이 시간들을 통하여 이야기할 수 있는 시간을 갖는다.

알파 결혼코스의 유익은 일주일에 한 번 부부만의 시간을 따로 떼어 서로를 위해 사용하도록 정해 준다는 데 있지 않을까 싶다. 매주 알파 결혼코스로 모이는 시간뿐 아니라, 일상 속에서도 따로 시간을 떼어 둘만을 위해 사용하는, 결혼 전 서로에 대한 사랑의 감정이 어떠했는지를 다시금 일깨워 주는 이 시간이 나는 개인적으로 매우 유익한 시간이라 생각한다. 직장과 집안일로부터 벗어나 서로에게 집중할 수 있는 이 시간이 말이다.

> "**남편**: 매번 아내와 단둘이 데이트하는 기분이에요. 첫 방문부터 편안함을 느낄 수 있었어요. 매주 이 시간이 기다려져요. 이 코스에서 사랑의 언어에 대해 배웠어요. 아내가 사랑의 손길을 원한다는 걸 알게 됐고, 더 많은 시간을 함께 보내게 됐어요.
>
> **아내**: 저는 이번 모임을 통해 많은 것을 배웠습니다. 특히 시간을 관리하고 가치 있게 쓰는 것을 배웠습니다. 전에는 서로 기도하지 않고 각자의 시간을 보내는 것을 중요하게 생각했기

때문에 각자의 일상에 맞춰 살았는데, 하지만 이제는 매일 아침 몇 분 동안 함께 기도하고 저녁에도 어떻게 지냈는지 묻고, 또 함께 기도해요. 남편의 기도 후원이 제게 큰 힘이 돼요."

"**아내:** 가장 먼저 떠오르는 건 갈등 해결이에요. 전 좀 과격한 편이었거든요. 또 상대방을 비난하는 편이었죠.

남편: 저는 도망치고 숨고 문제를 직면하지 않았어요. 하지만 결혼코스에서 갈등 해결의 도구를 배웠어요. 상대방의 유익을 구하면서 당면한 문제를 해결하는 거죠.

아내: 아직도 부족한 점이 많아요. 두 주 전만 하더라도 몇 가지 규칙을 한 방에 어겼죠. 문제에 가로막혀 그 너머를 볼 수가 없었어요. 그러고 나서 생각했죠: '이런 젠장!' 그러다 남편과 눈이 마주쳤는데 둘 다 큰 소리로 웃어 버렸어요. 하지만 저희는 확실히 좋아지고 있어요.

남편: 전 가끔 직접 요리를 하고 아내에게 쉬라고 하는데 그럴 때마다 아내는 상당히 불안해하죠. 얼마 전 집에 있는데 아내가 새 스카프를 했더라고요. 너무 예뻐 보여서 예쁘다고 말하고 안아 줬어요. 그렇게 점수를 확보하고 제가 요리를 했습니다.

아내: 남편이 최선을 다하는 게 눈에 보여요. 사랑이 담긴 남편의 말이 참 기뻐요. 저희에게 엄청난 변화예요."

다른 나라들과는 달리 한국은 매우 보수적인 나라다. 무엇보다 남자들 안에 자리 잡은 보수성은 가정 안에서 더욱 여지없이 드러난다. 요즘 결혼하는 젊은 부부들은 그나마 사정이 낫지만, 십여 년 전만 해도 가정 안에서 남자와 여자의 역할 분담은 너무나도 분명했다. 그러다 보니 그 안에서 깊어져 가는 감정의 골은 무엇으로도 해결되지 않았다. 그래서인지 알파 결혼코스를 통해 대화하며 쌓이고 쌓인 감정들이 눈 녹듯 녹아 눈물을 흘리기도 하며 오열을 하기도 하는 등, 그간의 감정들이 해결되어 더욱 건강한 가정으로 변화되어 가는 모습을 종종 보게 된다.

이처럼 알파 결혼코스는 관계 회복을 위해 노력하는 모든 부부를 위한 것이다. 알파 결혼코스에 참가한 부부들은 결혼한 지 2년이 안 된 부부도 있는 반면에 30년 이상 된 부부들도 있었다.

알파 결혼코스는 이미 행복한 결혼 생활을 누리고 있는 부부들에게도 유익하고 즐거운 시간이 되고 있으며, 또한 어려움을 겪고 있는 부부들을 도울 수도 있다. 부부들은 안전하고 건설적인 방법으로 대화의 문을 열게 되기에 별거 중인, 혹은 이혼을 했던 부부들이 재결합을 위한 방법으로 이 코스에 참여하기도 했다.

다른 어떤 소식보다도 기쁘고 행복한 것은 깨어진 가정이 회복될 때 자녀들이 가장 행복해하고 건강하게 자란다는 간증을 들을 때이다. 영국 속담에 "자녀는 부모의 발자취를 따른다"는 말이 있다. 이처럼 자녀 교육에 있어 부모의 사랑과 행복이 얼마나 중요한지를 깨닫게 된다. 그리고 이것이 알파 결혼코스를 통한 즐거운 소식으로 들려올 때 참으로 기쁨이 넘친다.

알파 결혼코스는 총 여덟 번의 만남으로 진행되며, 그 내용은 다음과 같다.

- 첫 번째 만남 - 튼튼한 기초 세우기

  길게 보기 / 성공을 위한 계획
- 두 번째 만남 - 대화의 기술

  효과적인 대화 - 말하기의 중요성 / 효과적인 대화 - 듣기의
  중요성
- 세 번째 만남 - 갈등 해결하기

  서로에 대한 감사를 표현하자 / 문제에 초점 맞추기 / 삶의
  중심을 맞추기
- 네 번째 만남 - 용서의 힘

  친밀감은 어떻게 잃어버리는가? / 친밀감을 회복하려면?
- 다섯 번째 만남 - 양가 부모님

  부모님들과 잘 지내는 방법 / 부모님의 통제에서 벗어나기 /
  어린 시절의 상처 치유하기
- 여섯 번째 만남 - 즐거운 성

  성을 어떻게 볼 것인가? / 위대한 연인이 되기 위한 여섯 가지
  자질 / 결혼을 지키기 / 섹스의 기쁨을 유지하기
- 일곱 번째 만남 - 행동하는 사랑

  다섯 가지 사랑의 표현 / 말과 행동 / 시간, 선물과 터치
- 여덟 번째 만남 - 성공적인 결혼을 만드는 방법

알파 컨퍼런스

1998년, 니키 검블을 초청하여 영락교회에서 제1회 알파 컨퍼런스를 1,500여 지도자들이 참석한 가운데 개최하였다. 교회성장연구소와 공동으로 주관하였는데, 참석하신 분들께서 충격적인 도전을 받았다고 하신다. 지금까지 적용된 전도 프로그램들은 복음을 전하는 데 있어 이벤트적인 경향이 많아 정착하지 않는 허전함이 있었는데, 알파코스로 복음을 전할 때 전 세계에서 문화와 나이 및 학력과 빈부에 상관없이 80퍼센트 이상이 눈물을 흘리며 교회에 정착하고 있다는 말에 모두 큰 충격을 받으신 것 같았다.

니키 검블은 케임브리지대학교에서 법학을 공부하고 변호사로 일하다가 옥스퍼드대학교에서 신학을 한 후 1990년부터 알파코스를 체계화 하였다. 알파코스엔 탁월한 지적인 변증이 있다. 어느 전도 프로그램보다 탁월한 신약성경에 근거한 복음의 전체적 내용이 변호사 출신인 니키에 의해서 논리 정연하게 구성되어 있다. 그리고 그 위에 주께 대하듯(골 3:23) 하는 섬김이 있다. 무엇보다 많은 목사님들께서 놀라워하시는 것은, 어떻게 전도 프로그램에 성령 사역(고전 2:1~5)과 치유 사역(마 4:23)이 포함되는가이다.

식사를 비롯한 스태프들의 감동의 섬김과 지적으로 잘 정돈된 말씀으로 이해된 복음, 그리고 성령의 도우심으로 예수님이 경험되는(요 15:26, 17:3), 그래서 삶의 의미가 전해지는 감동의 현장이 늘어나면서 교단별 컨퍼런스 초청이 쇄도했다. 합동 측과 통합 측은 노회별, 시찰별로, 기감은 지방회별로, 기성은 특별히 교육위원회에서 모든 전도사들을 참여시켰고, 모든 목사님들이 지방총회별로 참석하셨다. 한신교회를 담임하시던 이중표 목사님은 기장의 모든 교회들을 알파코스로 회복시킨다며 분당한신교회에서 한번에 400~500명의 지도자들이 참석하는 컨퍼런스를 네 번이나 초청하여 개최하셨다.

원리, 실제, 소그룹의 기본 골격은 가능한 변형이 되지 않도록 내가 강의하고, 목회적 돌봄, 사역, 성령 사역의 모델 등은 알파코스를 잘 적용하셔서 행복해하시는 담임목사님들(류영모, 안금남, 유정기, 조의환 목사님 등)이 강의하시어 실제 적용 현장의 생생한 감동을 전하셨다.

전도 프로그램이기에 등록비는 최대한 저렴하게 정했다. 등록비 6만 원에 교재 일곱 권(4만5천 원 상당)을 드리고 세 끼 식사와 간식까지 드리다 보니 사무실 유지가 가능하겠냐며 걱정하시는 목사님도 계셨다. 이런 복음이 전달되는 감동의 현장에서 귀하게 쓰인다는 감사함이 내가 간이식 수술 받은 환자인지 인식하지 못하도록 하나님께서 건강을 허락하셨다.

1년에 40회 이상의 컨퍼런스를 개최하는 가운데 2만여 지도자들이 참석하시고, 구정과 추석 연휴에는 선교지에서 선교사님들을 위한 컨퍼런스도 개최하는 등 정말 눈코 뜰 새 없이 바빴다. 그런 와중에 너무나 갑자기 지대한 영향력이 생겨서인지, 생각지 못한 공격을 받는 시련도 있었다. 컨퍼런스에 참석한 분들은 반론을 제기하는 분들이 없었다. 다만 참석하지 않은 분들이 참석한 분들에게 전달받는 과정에서 전후를 배제한 채 성령의 나타나심에 대한 간증들이 이해가 되지 않는다며 공격하기 시작했다.

나는 니키 검블을 다시 초청하여 여의도순복음교회에서 대규모 컨퍼런스를 개최하였다. 이사 목사님들께서 어려운 시기에 그 넓은 본당을 어떻게 채울 것이냐고 걱정하셨지만, 하나님만 의지하면서 첫째, 한국 교회가 알파코스를 바르게 이해하게 도와달라고, 둘째, 어려움을 겪는 교회 지도자(담임목사님)가 없도록 도와달라고 기도하였다.

여의도순복음교회에서 진행된 국제 알파 컨퍼런스는 11,000여 명의 지도자들이 참석한 가운데 성황을 이루었다. 니키 검블을 비롯한 영국 본부 지도자들은 놀라며, 오히려 전 세계에 격려가 되었다고 나를 격려했다. 이후로 공격은 침묵으로 변했다. 이런저런 어려움도 많았지만, 많은 목사님들께서 교회 외부에서 진행되었던 무질서한 성령 사역이 인격적인 성령 사역으로 교회 안에 지속, 반복적으로 적용되면서 교회가 성령의 지배 수위가 점점 높아져서 기적이 상식이 되는 교회가 되었다며 감사하다고 하실 때면 어떤 어려움도 감당할 수 있었다. 어려움을 발판 삼아 도약하여, 그 해에는 '국민일보 제1회 미션 어워드 전도 부문'에서 상을 받기도 했다.

지금은 알파 컨퍼런스 때 알파 결혼코스를 함께 소개하고 있는데, 알파 결혼코스를 통해 가정이 회복되면 알파코스의 게스트가 풍성해지고, 알파코스에서 생명이 산 사람이 알파 결혼코스를 통해 가정이 회복되는 시너지가 가정과 교회를 더욱 든든히 세워 나가고 있다.

"그리스도를 좇았던 사람 중에 길을 잃어버린 자는 없다."

- 프라운스 -

알파의 비전

가정과 교회가 건강해지면 사회도 건강한 사회가 되지 않을까? 알파코스의 모든 과정이 매뉴얼 화 되어 있다는 말은 교회뿐 아니라 캠퍼스, 교도소, 군대, 직장, 더 나아가 선교지에서도 적용이 쉽다는 얘기다. 이런 전 영역에 걸친 적용이 가장 탁월한 나라는 영국을 비롯한 서구이지만, 우리나라 또한 교회가 아닌 다른 영역에서의 적용이 활발히 진행되고 있다.

현재 교회 다음으로 열매를 맺고 있는 영역은 직장과 캠퍼스다. **직장 알파**의 경우 이랜드 그룹의 계열사들(2001아울렛, 킴스클럽)이 모범적인 사례들을 보여 주고 있는데, 이랜드는 직장사역연구소 소장으로 계시는 방선기 목사님을 비롯한 70여 분의 사목이 계셔서 많은 그리스도인 사원들이 직장 안에서도 믿음을 지키며 살아가는 데 있어 좋은 모범이 되고 있다. 아침 일찍 업무가 시작되기 전 또는 점심시간 등을 활용하여 알파코스를 실시하면서 직장 안에서 그리스도인으로서 온전히 서는 일에 있어 큰 열매를 보고 있다. 특히 이랜드 사목으로 계시는 윤재병 목사님은 현재 알파코리아의 직장 알파 어드바이저로 활동하고 계시다.

캠퍼스 알파의 경우 중·고등학교에서 이를 가장 탁월하게 적용하고 있는 곳은 전남 순천에 위치한 매산고등학교다. 현재 서로사랑하는교회에 출석하고 계신 이영순 권사님이 매산고등학교 국어 선생님으로 계시는데, 그분이 학생들을 데리고 학교에서 알파코스를 시작하셨다. 매산고등학교의 경우는 알파코스가 학교에서 정식으로 인정받은 활동이어서, 모임 장소와 시간을 내는 데 있어 큰 어려움 없이 학생들을 영적인 삶으로 건강하게 이끌고 있다. 대학의 경우는 특별히 대전의 목원대학교에서 박은미 교수님을 비롯한 몇몇 교수 분들이 사비를 털어 가며 꾸준히 적용하고 계시다. 현재 전국의 30여 대학에서 캠퍼스 알파가 적용되고 있는데, 더 많은 중·고등학교 및 대학에서 캠퍼스 알파가 진행되기를 꿈꾸고 있다. 불모지와 같은 그곳이 머지않아 복음의 꽃을 피우고 열매 맺는 그 날이 오기를 바라고 있다.

이 외에도 육군 본부 교회를 담임하고 전 군종감을 지내신 홍은해 대령님은 군대 안에 알파코스가 정착할 수 있도록 많은 노력을 해 주셨다. 부대를 옮겨 가실 때마다 부대 내 교회에서 알파코스를 실시해 성령 하나님의 뜨거운 역사하심이 부대 안에서 일어날 수 있도록 노력해 주셨다. 다른 어떤 조직보다 계급을 중요시하는 군 부대 안에서 계급을 초월하는 복음의 능력이 여기저기서 흘러넘치기를 소망한다. 무엇보다 심각한 사회 문제로 대두되고 있는 군대 안에서의 여러 문제들(폭력, 폭언, 성추행, 자살 등의 문제들)이 알파코스를 통하여 전파된 복음의 능력으로 하나둘씩 해결되는 일들을 보고 싶다.

더욱 힘을 쏟아야 할 영역으로는 교도소가 있다. 죄를 짓고 복역 중인 많은 사람들이 그 안에서 하나님의 말씀을 접하고 변화되는 경우가 많은데, 알파코스 과정 중에 **교도소 알파**와 **출소자 알파**를 통하여 이들이 교도소 안에서뿐만 아니라 사회에 나와서도 적응할 수 있도록 돕는다면 이보다 더 좋은 복음 전파는 없을 것이다. 현재 선민교회를 담임하고 계신 김유정 목사님이 이쪽 분야에서 탁월한 사역을 진행하고 계신데, 교회에서는 일반 알파코스로, 교도소에서는 교도소 알파로 계속해서 복음을 전하는 일에 힘쓰고 계시다. 이분의 사역이 다른 무엇보다 훌륭한 것은, 정말 한 영혼을 사랑하시어 귀한 영혼이 복음을 접하고 변화되는 것과 더불어 이들이 사회에 나와서도 잘 적응할 수 있도록, 교도소 안에서 시작된 변화된 삶이 그 이후의 삶까지도 이어질 수 있도록 끊임없이 도움의 손길을 내밀어 주고 계시다. 이런 분들이 계시기에 대한민국은 아직도 희망이 있는 것이 아닐까.

2000년대 초, 중반 무렵부터는 국내에만 머물러 있던 시선을 해외 선교지로 옮기기 시작했다. 동남아시아 및 중앙아시아를 넘어 미국, 호주에 이르기까지 참 많은 나라들을 다니며 섬겼다.

십 수 년 전 영국을 방문했을 때 카자흐스탄 알마티 은혜교회를 담임하고 계시는 김삼성 선교사님을 만났다. 중앙아시아 지역에서 알파코스를 탁월하게 진행하고 있다는 소식이 들리었다. 선교지의 작은 도시에 4,500명 정도가 모이는 이런 큰 교회가 있다는 것에 놀라 알아보니 알파코스를 통하여 정착한 사람들이었던 것이다. 그래서 담임목사님이신 김삼성 선교사님을 영국 측에서 초청했던 것이다. 몽골, 터키, 아제르바이잔, 우즈베키스탄을 비롯한 중앙아시아 각국에서 사역하시는 선교사님들도 이 소식을 들으시고는 여기저기서 컨퍼런스 개최를 요청해 왔다. 나 또한 이 기쁜 일에 동참하고자 컨퍼런스 초청을 흔쾌히 수락하였다.

한국에서 알파코스를 잘 진행하고 있는 교회의 담임목사님 한 분과 내가 주 강사로 가서 강의를 진행해 드렸다. 더불어 알파코리아에서는 교재를 제공하고, 함께하시는 담임목사님 교회에서는 참석하시는 선교사님들의 숙박과 식사비용을 섬겨 드렸다. 함께해 주신 목사님들에게 경제적인 도움을 드리진 못했지만, 한국을 넘어 열방에서 복음을 전할 수 있는 사역의 도구를 제공해 드릴 수 있어 감사했다. 참석하신 목사님들도 그때의 감격을 떠올리며 그 이후로도 컨퍼런스 요청이 있을 때마다 열방 곳곳을 즐거운 마음으로 함께 다녀 주셨다.

한번은 '교회를 든든히 세우는 사역자 모임'(CEN, Church Equipping Network)을 통해 미국 5대 도시(LA, 샌프란시스코, 뉴욕, 워싱턴, 시카고)를 돌며 컨퍼런스를 개최했었다. 총 900여 분이 참석하셨는데, 미국 각지에 흩어져 사역하시는 한인교회 목사님들을 비롯하여 그곳에 계신 선교사님들에게 큰 힘을 불어넣어드릴 수 있는 계기가 된 것 같아 감사했다. 당시 국제제자훈련원 대표이셨던 김명호 목사님의 도움으로 이런 일들이 가능했지만, 더 크게 보면 하나님의 전적인 은혜 안에서 계획되고 행해진 일이리라.

선교지들을 떠올리다 보니 일본에서 있었던 일도 기억이 난다. 일본에서 약 250여 분의 합동 측 선교사님들을 대상으로 컨퍼런스를 진행했었다. 800만 개의 신당이 있을 정도로 여러 잡신들을 모시며 살고 있는 그들에게 복음을 전하기란 여간 어려운 게 아니라고 하신다. 웃지 못할 얘기도 들었는데, 신당 중에는 욘사마(배용준) 신당도 있다고 한다. 왜 신당을 만들었냐고 물었더니, 자기들을 행복하게 해 줘서 만들었다는 것이다. 어이가 없는 한편으로는 복음이 비집고 들어갈 틈이 없어 보였다. 하지만 알파코스라면 이렇게 소망이 없어 보이는 일본에서도 탁월하게 사용될 수 있겠다며 좋아하시는 분들을 통해 다시 한 번 소망의 끈을 붙잡게 되었다.

가장 잊지 못할 전 세계가 감동한 일도 있었다. 투르크메니스탄에서 선교하시던 김요엘 선교사님은 알파코스를 통해 일곱 곳에 교회를 개척하시고 추방당하셨다. 그 과정이 어찌나 눈물겨운지, 특별히 현지 지도자들을 어찌나 보고 싶어 하시는지 듣고 있는 내가 다 힘이 들었다. 그래서 2008년 중앙아시아 모든 지역의 우리 선교사님들 중 알파코스로 새 생명을 얻고 교회를 세우시어 사역하시는 분들과 나라별로 현지 지도자 3~4명씩을 초청하는 'Alpha Asia Pacific' 코리아 비전 트립을 계획하였다.

알파코스를 통한 부흥으로 행복한 목회를 하고 계시는 목사님들께 한 교회가 한 나라를 초청하는 비용을 부탁드렸더니 너무나도 흔쾌히 허락하셨다. 일주일간 시화염광교회를 시작으로 광주새순교회, 순천동부교회, 김해교회, 부산운화교회, 대구성덕교회, 원주영강교회, 새순교회 수련원, 이천순복음교회, 일산한소망교회, 오산리기도원을 순회하였다. 각 교회의 정성된 섬김과 더불어 알파코스를 통한 감동을 나누는데 얼마나 놀라며 좋아하시는지, 네 대의 버스로 전국 곳곳을 다니면서도 피곤한 줄 모른 채 보람을 느꼈다.

　문막새순교회 수련원에서 1박을 하면서는 각 나라 현지 지도자들이 돌아가며 간증을 하셨다. 그중 투르크메니스탄에서 오신 현지 지도자들이 김요엘 선교사님이 추방되면서 너무 힘을 잃어 흩어지려다 김 선교사님이 가르쳐 주셨던 알파코스를 꾸준히 적용하여 다시금 건강한 교회가 되었다며 울면서 간증하는데, 김요엘 선교사님도 감동이 되셨는지 같이 우셨다. 나는 너무나 감동이 되어 김요엘 선교사님을 영국에 모시고 가서 전 세계 지도자들 앞에서 간증하실 수 있도록 했다. 간증을 들은 각 나라 참석자들은 북한 못지않게 복음이 전해지기 어려운 곳에서 들려온 놀라운 소식이라며 감동하셨다. 이때 섬겨 주신 모든 교회와 담임목사님들께 다시 한 번 감사드린다.

　이 장을 통해 다시 한 번 선교지 알파 컨퍼런스로 함께해 주신 여러 목사님들에게 감사의 뜻을 전하고 싶다. 특별히 김해교회 조의환 목사님, 분당 한소망교회 전용복 목사님, 서로사랑하는교회 안금남 목사님, 시화염광교회 박요셉 목사님, 일산 한소망교회 류영모 목사님. 사역으로 바쁘신 와중에도 선교지에서 진행되는 알파 컨퍼런스에 기쁨으로 함께해 주셨다. 그리고 마음뿐 아니라 재정적인 지원을 아끼지 않아 주셔서 여러 모로 많은 힘과 위로를 받왔다. 섬김을 받으셔야 할 그분들이 더 많은 섬김의 본을 보이시는 모습을 보며, 나 또한 계속해서 섬기는 자로 살아갈 것을 다짐하게 되었다.

선교사가 필요했던 나라에서 이제는 전 세계로 선교사를 파송하게 된 대한민국. 정말 많은 선교사님들이 세계 곳곳에 나가 계신 상황에서 이분들의 삶에 재충전이 필요하다는 생각이 들었다. 그리고 그 생각대로 그분들을 섬겨 드렸을 때 많은 위로와 도전이 되는 시간이었다는 고백을 들으며 뿌듯함을 느꼈었다. 먼 길을 달려간 것이 결코 힘들거나 피곤하지 않은, 매우 보람 있는 시간이 되게 해 주신 하나님께 다시 한 번 감사드린다.

―――――――――――――― ∽∾∽ ――――――――――――――

"속도보다 방향이 중요하다. 예수님은 자신과 같은 방향으로 같은 길을 걷는 사람을 찾고 계신다."

- A. W. 토저 -

즐거운 여행의 안내자들

알파코스에서 스태프로 섬기는 이들은 즐거운 영적 여행의 안내자들이다. 릭 리처드슨은 〈스타벅스 세대를 위한 전도〉에서 공동체를 통한 복음 전도를 위해 알파코스에서 참여자들을 섬긴 부분을 잘 설명하고 있다. 이를 한국 교회의 알파 현장으로 적용해서 옮겨 본다.

"그곳에는 팀으로 함께 일하던 한 공동체가 있었다. 성호는 그중 한 사람으로, 그는 훌륭한 행정가였다. 또한 그와 그의 아내는 접대의 은사가 있었다. 그들은 모임 때마다 환영의 분위기를 만드는 사람들이었다.

진수도 그중 한 사람이다. 그는 기막힌 농담을 할 줄 알며, 어느 때라도 맥주 캔을 한 팩 들고 와서 마개를 딸 것 같은, 아무 때라도 담배를 꺼내 불을 붙일 것 같은 사람이다.

지혜는 아름다운 공간을 만들고 좋은 음식을 제공하는 일을 즐긴다. 그녀는 연결의 은사가 있으며, 뒤에서 보이지 않게 사람들을 좋은 음식과 즐거운 이벤트로 섬기곤 한다.

또한 은경이가 있다. 그녀는 훌륭한 이야기꾼이며 교사다. 그녀는 성경의 진리를 실제적이고 구체적인 이야기로 표현할 줄 안다. 당신은 곧 그녀를 좋아하게 되고, 그녀가 해 주는 이야기를 즐겁게 듣게 된다. 그녀는 매주 진행되는 토크 시간을 인격적이고 유익한 시간으로 만들어 준다.

그리고 성민이와 수진이가 있다. 둘은 부부이며 소그룹 인도를 좋아한다. 그들은 좋은 질문을 던지는 법을 알고 있다. 또 사람들이 무엇을 말하든 긍정적으로 들으며, 진리를 그들 자신의 삶의 체험에 비추어 설명할 줄 안다. 게스트들이 전혀 뜻밖의 말로 도전해 와도 그들은 평정을 잃지 않는다. 그들은 아마도 이렇게 반응할 것이다. '참 흥미로운 말씀이군요. 다른 분들은 어떻게 생각하십니까?'

마지막으로 혜미가 있다. 그는 주말수양회 중 토요일 밤에 경은이를 위해 기도했다. 그는 경은이가 전 남자친구에게 받은 상처를 위해 기도하라는 성령의 신호를 느끼고 기도했으며, 하나님은 경은이를 아주 깊이 어루만지셨다. 그녀의 우울증은 사라졌고, 얼굴이 환하게 변했다.

이 그룹에서 혹시 자신이 전도의 은사가 있을지도 모른다고 생각하는 유일한 사람은 혜미였다. 그런데 그조차도 자신이 전도를 특별히 잘한다고 느끼지 않았다. 하지만 하나님은 이 공동체를 사용하시어, 경은이와 민수를 믿음으로 이끄는 성령의 통로가 되게 하셨다. 나는 이 이야기가 후기 기독교 세계에서의 복음 증거의 모습을 잘 보여 준다고 생각한다."

알파코스에서 은사자들이 공동체 안에 소속되어 참여하는 모습은, 전도폭발이나 연쇄전도훈련 혹은 4영리처럼 개인적으로 복음을 설명하고 즉각적인 결단을 요구하는 것과는 비교된다. 개인적인 전도 활동을 할 때는 믿음의 헌신을 결단한 다음에야 비로소 제자 공동체에 참여하도록 초청했다. 하지만 알파코스에선 처음부터 끝까지 공동체가 회심의 과정에 영향을 미치며 적극적으로 동참하게 하는 것이다.

그레이엄 톰린의 말을 적용하면, 비트겐슈타인(Ludwig J. J. Wittgenstein)을 시작으로 현대 신학자들, 특히 린드백(George A. Lindbeck)이 말하듯이, '종교는 마치 언어와 같다' 는 것을 발견한다. 언어를 배우는 가장 좋은 방법은 그 언어가 사용되는 나라에 가서 사는 것이다. 사람들이 말하는 것을 듣고 또 직접 그들에게 말하면서 언어를 배운다. 이때 외부에서 관찰함으로써 배우는 게 아니라, 그 언어권 속으로 들어가서 말해 보고, 공부하고, 남이 말하는 것을 들어야만 한다. 사상가들은 이 원리가 기독교에도 적용된다고 말한다.

"우리는 기독교 외부에 서 있으면서 기독교에 대해 배워서 그게 진리인지 여부를 평가하고 그것이 과연 인간 이성의 잣대를 만족시키는지 아닌지 걱정하지 않는다. 대신 우리는 기독교를 실천해 봄으로써, 실제로 해 봄으로써, 기독교 공동체의 일부가 되어 봄으로써 기독교에 대해 배우게 된다. 그것이 바로 기독교 신앙을 배우는 방식이다."

부천의 한 교회에서 저녁 헌신예배를 드린 후 모든 돕는 은사자들과 함께 다과회에 참석했다. 담임목사님께서 그들을 격려하려고 마련한 자리였다. 각자의 위치에서 섬겨 온 과정마다 힘들었던 일들을 말했다. 힘들어서 '다음에는 쉬어야지' 생각하다가도, 참여한 게스트들이 예수님을 만나고 감격해 울면서 감사하는 것을 볼 때면 힘들었던 모든 일들이 기쁨의 감동으로 변하고 계속하게 된다고 간증했다.

한국에는 특별히 '전도왕'들이 많다. 우리는 이분들을 위해 기도해야 하고, 그 열정을 배우도록 노력해야 한다. 그런데 이분들이 전도한 사람들이 교회에 머물러 부흥한 사례는 그리 많지 않은 것을 본다. 나는 그것이 참 안타깝다. 교회로 초청해 왔다면 교회가, 다시 말하면 은사자들이 모인 공동체가 그들이 교회에 머물러 한 공동체가 되도록 섬기는 시스템이 필요하지 않을까?

소문난 전도왕은 아니지만, 순천 서로사랑하는교회의 이영순 권사님을 보자. 이영순 권사님은 매산고등학교 국어 선생님으로 계시면서 학교에 알파코스를 적용하여 학생들을 인도하는 영적 여행의 탁월한 안내자다. 특별히 놀라운 것은 예수를 믿지 않는 사람들을 교회로 초청하여 알파코스에 참여시켜 관리하는 정말 영적인 여장부시다. 언제나 팀원들을 자랑하시며 한 영혼, 한 영혼이 회복 될 때마다 감격해하는 표정이 늘 주위 사람들에게 도전을 준다.

한소망교회 이월희, 김진순 권사님의 경우도 마찬가지다. '한 영혼을 위해서라면 어떤 대가라도 치르겠다'는 마음으로 택시 운전사들을 전도하기 위해 택시 운전면허를 따고, 일본의 MK 택시 회사를 찾아가 친절을 배워 왔다. 일산에 위치한 오복운수에 취직 하여 253명의 택시 운전사들을 한 분 한 분 알파코스로 초대하여 예수를 믿게 하니, 택시 회사 사장님이 감동을 받아 가난한 자들에 게 선을 베풀라며 교회에 쌀 200가마를 기증하셨다고 한다. 이분 들을 만나면 힘이 난다. 특히 이월희 권사님은 나만 보면, "선교사 님, 엄청나게 사랑해요" 해서 나만 엄청나게 사랑하는 줄 알았다. 그런데 만나는 사람마다 엄청나게 사랑한단다. 그 말을 하는 권사 님의 얼굴은 늘 행복해하는 모습이다. 50대인 두 분의 권사님은 택 시에 만족하지 않으시고 '카이로프랙틱'이라는, 손으로 하는 치료 를 배워 병자들을 돌보며 그분들을 알파코스로 초대하셨다. 당신 들의 전도에 관한 이야기를 들려주시는 두 분의 표정이 너무 아름 다웠다.

이런 분들보다 즐거운 여행의 안내자가 있을까 생각해 본다. 그 러나 이분들이 교회에 초청하여 온 게스트들을 함께 섬기는 은사 자들이 없다면 이 기쁨은 가능하지 않을 것이다.

필립 얀시(Phillip Yancey)와 폴 브랜드(Paul Brand)가 쓴 〈오묘한 육 체〉(Fearfully, wonderfully made)의 한 내용이 생각난다.

"스스로 희생하는 각각의 세포는 소위 공동체의 황홀경을 만들어 내곤 한다. 아직까지 그 어떤 과학자도 안정감이든지 기쁨 같은 느낌이 어떻게 몸의 세포에 연락되는지 알지 못한다. 하지만 분명한 것은 각각의 세포가 이런 감정적 느낌에 반응한다는 것이다. 호르몬과 생화학적 요소가 함께 작용하여 호흡을 가쁘게 한다든지, 근육을 떨게 한다든지, 장의 운동을 빠르게 한다. 만약 사람의 몸 안에 있는 쾌감 신경을 찾아본다면 실망하게 될 것이다. 왜냐하면 그런 신경은 존재하지 않기 때문이다. 통증과 차가움, 그리고 뜨거움과 촉감을 전달하는 신경은 있다. 그러나 기쁨을 전달하는 신경은 없다. 기쁨은 많은 세포들이 연합하여 만들어 내는 그 무엇이다."

성경에서 교회를 우리 몸과 비교하며 지체들의 연합을 강조한 것이 얼마나 타당한가.

인천의 중앙성결교회를 담임하셨던 백운주 목사님은 참 사려 깊은 분이다. 오랜 전통의 교회에 담임목사님으로 부임하셨는데, 미국에서 철학박사 학위를 받으셨으며, 서울신학대학교에서 설교학을 강의하기도 하신다. 알파코스가 매주 진행될 때마다 모든 스태프들이 모여 기도 모임을 갖는데, 담임목사님이 "알파는?" 하고 선창하시면 모든 스태프들은 "미소", 또 "알파는?" 하시면 "감동", 또 "알파는?" 하시면 "능력" 하고 외친다. 그랬더니 정말로 미소가 가득한 공동체, 섬김의 감동이 충만한 공동체, 성령의 능력이 충만한 기쁨의 공동체가 되었다고 기뻐하신다. 정말 멋진 영적 여행의 안내자들이 아닌가!

"내가 철학을 전파하였더니 사람들은 칭찬하였다. 그러나 내가 그리
스도를 전파하였더니 사람들은 회개하였다."

- A. P. 깁슨 -

더 나은 삶을 발견한 사람들

저명한 작가나 철학자가 아니더라도 가끔은 자신의 삶에 대해 생각해 볼 때가 있다. 신문 지면에 소개되는, 남의 일로만 생각되어 무관심했던 아픔이나 불행이 나의 일로, 내 가정의 일로 닥쳐올 때면 더욱 그렇다. 나는 어디에서 왔고, 어디로 가고 있으며, 나는 누구인가? 인생은 도대체 무엇인가?

톨스토이(L. N. Tolstoi)의 〈참회록〉에 나오는 "죽음이 나를 기다리고 있으며, 그 죽음을 피할 수 없다는 사실조차 소멸시키지 못하는 게 내 삶에 어떤 의미가 있단 말인가?" 하는 고뇌에 귀 기울여 본다. 톨스토이가 예수님을 통해 인생의 문제를 해결했듯이, 예수님을 만나서 해결한 분들을 소개하고 싶다.

영국에서는 이러한 간증들을 모아 책으로 출간했는데, 우리나라에는 〈삶을 변화시키는 하나님〉(마크 엘스던 듀, 서로사랑)이라는 제목으로 소개되었다. 하나님은 지금도 살아 역사하고 계시다. 이러한 간증들이 결코 남의 얘기가 아니다.

영국에서와 마찬가지로 우리나라에서도 알파코스 전 과정을 마친 후에는 알파코스를 통해 자신의 삶이, 그리고 믿음이 어떻게 변하고 발전되었는지를 간증문으로 적어 제출한다. 그리고 수료자 중 일부는 수료식 날이나 주일 등 특정한 날 여러 성도들 앞에서 간증할 수 있는 기회를 제공 받는다. 간증문을 읽다 보면 하나님이 얼마나 놀랍고 신실하게 일하는 분이신지를 알 수 있다.

한 분은 알파코스에 대하여 다음과 같이 이야기했다.

"알파는 흘러가는 물이었습니다. 제가 가만히 있어도 그 물이 와서 저를 씻어 주고 만져 주고, 등이 걸리면 등을 풀어 주고, 가만히 그 프로그램대로 흘러가다 보면 나도 모르는 사이에 젖어들게 되었습니다. 나오면서 보니까 제가 젖어 있었습니다. 그게 알파입니다.

말할 수 없는 행복입니다. 뭐라고 할까요? 가정에 평화가 왔다고 할까요? 신혼 초에 꾸었던 꿈들이 다시 시작되고 있습니다. 인생을 다시 시작하는 것 같습니다. 첫 아기를 가졌을 때에 천하를 다 얻은 것 같잖아요? 마치 그런 기분입니다. 알파를 통해 삶의 평안을 찾았고 제 인생은 180도로 바뀌었습니다. 무엇보다도 주님을 만나도록 기도하고 노력해 준 아내에게 고마운 마음을 전하고 싶습니다."

알파코스에 참여하면서 자신의 삶이 그 시간 안에 젖어들어 자신도 모르는 사이에 변화되었다는 고백은 참으로 놀라운 고백이 아닐 수 없다. 교회라면 쳐다보기도 싫었던 삶이 이제는 바뀌어 그 안에서 행복을 누리는 삶으로 변화된 것이다.

또 다른 한 분은 주변 지인의 소개로 알파코스에 참석하게 되었다며, 자신의 삶이 알파코스를 통해 얼마나 행복하고 즐거운 삶으로 바뀌었는지를 고백한다. 무엇보다 자신뿐 아니라 남편까지도 변화되어 기쁨으로 교회를 섬기는 사람이 되었다며 감격의 눈물을 흘리신다.

> "알파 10주만 끝나면 교회는 발걸음도 않겠다던 약속과는 달리 눈만 뜨면 교회로 달려가고 싶어 견딜 수가 없었습니다. 새벽이고 밤이고 본당에 가 무릎을 꿇었습니다: '하나님, 불쌍한 우리 남편도 알파코스에 오게 해 주세요.'
> 저는 지금 너무 행복합니다. 남편도 알파코스를 수료한 후 저와 같이 도우미를 하고 있기 때문입니다. 믿음이 없는 다른 가족과 친구들을 생각하면서 눈물을 흘렸습니다. 생명 없는 그들이 너무 불쌍했습니다. 왜 강제로라도 전도를 해야 하는지 알게 되었습니다."

또 다른 한 분의 이야기를 소개하고 싶다. 모태신앙으로 태어나 교회와는 떼려야 뗄 수 없었던 어린 시절의 성실했던 삶과는 대조적으로, 사춘기에 접어들 무렵부터 시작된 방황은 결혼 이후로도 끝나지 않아, 이것이 자신의 영혼뿐 아니라 육체에도 큰 어려움을 가져다주어 결국엔 절망할 수밖에 없는 상황까지 이르게 된 삶이었다고 한다. 하지만 성령 하나님의 놀라운 역사하심으로 망가져서 더 이상은 희망이 없을 것만 같던 삶이 다시금 새로운 희망을 꿈꿀 수 있게 되었다며, 하나님이 어떻게 자신의 삶을 바꾸어 주셨는지를 생생하게 고백한다. 하나님이 이분의 삶을 어떻게 어루만져 주셨는지를 보면 감사가 절로 나온다.

"그때부터 지금까지 일여 년의 시간을 저는 감히 제 인생 최고의 한 해로 꼽고 싶습니다. 실명이 불가피하다고 했던 시력은 더 이상 떨어지지 않았고, 현기증을 일으키는 내이수종이란 병은 더 이상 증세가 없어졌고, 청력도 이상이 없다는 판정을 받았습니다. 뇌경색은 약을 먹고는 있지만 올 봄에 재검사만 남겨 두고 있습니다. 저는 변했습니다. 아니, 변하고 싶었던 제 인생의 방향을 찾았습니다. 믿음은 생각을 바꾸고 생각은 환경을 바꾼다는 목사님의 설교 말씀으로 제가 변할 수 있다는 희망을 갖게 되었습니다. 비로소 하나님과 대화하는 법을 배웠고, 그분이 나를 사랑하시는 것이 느껴졌습니다. 메마른 저의 눈에 눈물이 마르지 않았고, 지금까지 살아온 것 자랑할 것 하나 없지만 그래도 잘 왔다, 기다렸다, 다 용서했다는 그분의 마음이 느껴졌습니다. 내가 죄인 되어 돌아왔음에 가슴 치며 회개하기도 전에 그분은 맨발로 두 팔 벌리고 나보다 빠른 걸음으로 나를 향해 오시고 계셨던 것입니다."

정말로 하나님은 우리의 삶을 변화시키신다. 그 놀라운 이야기는 지금도 현재진행형이다.

"복음의 진리는 느끼는 것 외에 다른 방법으로는 배울 수 없다. 어떤 과학은 머리로 배울 수 있으나, 십자가에 못 박히신 그리스도의 과학은 마음으로만 배울 수 있다."

- C. H. 스펄전 -

아내의 일기 III

남편은 간이식을 받은 후 회사를 정리하고 쉬기로 하였다. 나는 남편이 얼마 못 산다고 했을 때 손잡고 여행하고 싶었던 기억을 되살려 함께 여행을 가고 싶다고 말하니 남편은 마음 아파하며 그러자고 하고는 맛 집 소개 책을 사 가지고 왔다. 그 후 우리는 여행을 다니며 맛있는 것도 많이 먹으면서 함께 시간을 보냈다. 살았으니 얼마나 좋은가. 모든 것이 감사하고 다시 태어난 기분이었다.

일하기를 그렇게 좋아하던 남편은 더 이상 쉬지 못하겠다며 문서로 복음을 전하고 싶다는 뜻을 내비쳤다. 그 후 우리는 '서로사랑' 이라는 출판사를 차렸다. 책을 내면서 '알파코스' 를 만나게 되었고, 남편은 계속해서 책과 컨퍼런스의 광고를 위해 투자했다. 그러면서 우리 가계의 경제적 상황은 어려워지기 시작했다. 나는 알파코스가 무엇이기에 남편이 그렇게 투자를 하나 알아보려고 사무실에 나오기 시작했고, 그곳에서 내가 할 수 있는 일을 했다. 그것이 시작이 되어 오늘까지 함께 일하게 되었다.

알파코스는 잃어버린 영혼을 찾는 전도 프로그램이었다. 하나님이 기뻐하시는 전도였다. 남편이 그렇게 깊이 빠진 것도 이해할 수 있었다. 병중에는 "억울하다, 억울하다" 하더니, 수술 후에는 "전략적이고 효율적인, 전략적이고 효율적인" 하던 말의 의미가 이해되었다.

나는 전도는 은사자나 하는 것으로 늘 생각해 왔다. 전에 다니던 교회에서 연쇄전도훈련을 받을 때 목사님께서 전도 대상자를 구해야 한다고 하셔서, 그때부터 나는 모든 사람을 전도 대상자로 보았고 나의 행동에 조심을 하며 좋은 인상을 남기기 위해 노력했다. 그가 언제 전도 대상자가 될지 모르기에…. 나의 행동 때문에 전도의 문이 막히지 않게 하기 위해서….

내가 예전에 운전을 배우기 시작할 때에, 남편은 회사에서 공장장이 쓰던 차를 갖다주면서 마음대로 운전해 보라고 했다. 그래서 그 차를 가지고 연수도 하며 열심히 운전하고 다녔다. 어느 날 신림동으로 가는 길에 신호대기를 하고 있는데 뒤에서 봉고차가 내 차를 받았다. 옆으로 차를 대고 나가 보니 뒤 범퍼가 조금 찌그러들었지만 다른 곳은 괜찮았다. 차에서 내린 봉고 아저씨는 얼굴이 하얗게 질려 있었다. 순간 내 몸도 아픈 곳이 없는 것 같고, 아저씨가 불쌍해 보여서 "아저씨, 저는 예수 믿는 사람이에요. 저는 괜찮으니 그냥 가세요"라고 했더니 아저씨는 자기도 예수 믿는 사람이란다. 고맙다고 인사를 꾸벅 꾸벅 하더니 내 차가 잘 나갈 수 있도록 도와주면서 인사를 하였다. 원하던 길로 다시 가는데 '왜 이렇게 내 마음이 기쁜 것일까. 내 안에 계신 성령님이 기뻐하시는 걸까?' 라는 생각이 들었다. 이 일이 있은 후 남편은 간이식을 받았고, 수술 후 나에게 새 차를 사 주었다.

몇 년 후, 당시 고3이었던 아들의 대학 진로 문제로 학교에 가는데 신호대기하고 있던 내 차를 커다란 트럭이 뒤에서 받았다. 범퍼가 찌그러졌다. 번호판을 보니 부산 차였다. 기사 아저씨는 자기가 고쳐 주겠다고 카센터로 가자고 했다. 순간, 나는 하나님께서 축복해 주셔서 차를 가지고 다니는데, 만일 내가 저 아저씨한테 몇 십만 원을 받으면 나는 몇 십만 원이지만 아저씨한테는 몇 백만 원의 값어치가 될 수도 있겠다는 생각이 들었다. 그래서 나는 "아저씨, 제 부탁을 들어주시면 그냥 가셔도 돼요"라고 말하자 아저씨는 놀라면서 나를 빤히 처다봤다.

"아저씨, 집이 부산이세요?"라고 물으니 그렇다고 하신다. "아저씨, 집 주변에 교회 있지요? 돌아오는 일요일에 교회 가신다고 저랑 약속하시면 그냥 가셔도 돼요. 저는 예수 믿는 사람이에요"라고 하자 아저씨는 집 주변에 교회가 있다고 하면서 교회에 가겠다고 약속했다. 그래서 그럼 이제 괜찮으니 가시라고 하자 아저씨는 뜻밖이라고 생각했는지 아주 고마워하며 가셨다. 나는 계속해서 학교로 향했고, 그 길을 가는 동안 그리고 그날 하루 종일 그렇게 기쁠 수가 없었다. 남편이 커다란 다이아몬드를 사 주었어도 그렇게 기쁘지는 않았을 것이다.

이런 일을 겪으면서 나는 전도가 하나님을 그렇게 기쁘시게 하는 일이라는 확신을 갖게 되었다. 그래서 남편 또한 이렇게 알파코스에 정신을 빼앗겼나 보다 이해하게 되었다. 나도 도와야 할 것 같아 열심히 일했다. 그러던 중 알파코리아의 이사회가 만들어지고 이사 목사님들께서는 매달 25만 원씩을 후원해 주셨다. 처음 이사장님이셨던 류영모 목사님께선 다른 이사님들보다 더 많은 금액을 후원하시면서 "이 후원금은 알파코리아에서 직원들 사례비로 쓰라"고 하셨지만, 남편은 "어려울수록 본질에 충실해야 된다, 어떤 곳에 쓸 때 하나님께서 기뻐하실까 생각해 보자"며 미자립 교회를 돕는 컨벤션에 사용하겠다고 했다.

그 당시 2박 3일 동안 진행되는 세미나의 참가비는 12만 원이었는데, 우리는 이사회 목사님들이 보내 주시는 후원금으로 10만 원을 충당하고, 미자립 교회 목사님들에게서는 2만 원을 받아 컨벤션을 진행했다.

컨벤션 기간 중 바쁘게 일을 하다가 화장실에 손을 씻으러 가는데, 나는 예수님이 기뻐서 어쩔 줄 몰라 하시며 활짝 웃으시는 모습을 보았다. 너무 놀라 그 자리에 서서 움직이지 못하고 있는데 온몸에 전율이 흘렀다.

'아! 미자립 교회를 돕는 것을 하나님께서는 이렇게 기뻐하시는구나. 하나님은 미자립 교회 목사님들을 더욱 귀하게 보시는구나.'

하나님은 미자립 교회와 선교지를 섬기는 데 있어 경제적인 어려움이 없도록, 매일 만나를 공급하시는 것처럼, 돈을 빌리지 않는 삶을 살게 하셨다. 하나님께서 하신 일이다. 이런 일을 경험한 후에는 일을 하면서 힘들 때도 있지만 목사님들께서 "알파를 만나게 해 주어서 고맙다, 행복하다"고 하실 때마다 기쁨과 보람을 느낀다. 부족한 우리를 사용하시는 하나님께 감사드린다.

"아내이자 친구인 사람이 진짜 아내이다."

- 윌리엄 팬 -

화평케 하는 자

알파코스를 한국 교회에 소개하면서 참으로 기쁨이 충만했다. 한국 교회의 부흥을 바라볼 때마다 감사의 고백이 저절로 나왔다.

어느 날 나의 건강을 위해 늘 기도해 주시는 직장 알파 어드바이저인 윤재병 목사님을 만났다. 나보고 "안식년을 가지며 좀 쉬셔야 하지 않겠느냐"며 권면하신다. 그러고 보니 지난 20여 년간 한 주도 온전히 쉬어 본 적이 없다. 그런데도 즐겁고 힘이 난다. 특별히 국내 일정이 없을 때면 전 세계에서 복음을 전하시는 우리나라 파송 선교사님들의 초청에 따라, 추석이든 설이든 마다하지 않고 달려갔다. 몽골, 터키, 아제르바이잔, 카자흐스탄, 키르기스스탄…. 그러면서 오지의 선교사를 소망했던 간이식 수술 후를 되새기곤 했다.

2005년인가 보다. 불가리아의 어느 산속 휴양지에서 우크라이나부터 독일까지 동유럽에서 섬기시는 수백 명의 선교사님들이 총회 겸 수련회를 개최하는데, 수련회로 알파 컨퍼런스를 개최해 달라고 하셔서 조의환 목사님과 함께 갔다. 행사가 끝난 후 그리스에서 사역하시는 김수길 선교사님이 불가리아 남부는 그리스 북부의 국경에 접해 있고, 또 한국인들이 여행을 하면 아테네 등 주로 남부로 여행하니, 이번엔 그리스 북부를 다녀가라 하신다. 그래서 조 목사님 부부와 함께 그리스 북부로 갔다. 그곳에서 우리는 빌립보와 데살로니가, 베뢰아 등 성경 속 도시들을 방문하는 은혜를 누렸다.

길을 가다 김수길 선교사님이 산으로 차를 모셨다. 집시 촌이었다. 차 뒤 트렁크를 열어 각종 약이 들어 있는 함을 꺼내 30~40대로 보이는 중년의 남자에게 가시더니 그의 다친 팔을 치료하신다. 팔에는 커다란 상처가 나 있고 상처에는 벌레들이 붙어 있는데도 그 남자는 상처를 그냥 방치해 두었다. 깨끗하게 소독을 하고 약을 바르고 내려오는데, 13~14세쯤 되어 보이는, 환자의 아들인 듯한 소년이 산을 가로질러 뛰어 내려와 한참 손을 흔든다. 이 모든 광경에 가슴 뭉클한 감격이 있었다.

바울과 실라와 디모데가 복음을 전하던 성지에 하나님이 한국인 선교사들을 보내셨다. 그분들의 복음을 전하고 소외된 자들을 돌보는 모습에, 그리고 그분들을 보내신 하나님의 섭리에 경이로움을 느낀다. 아주 조그만 남한의 땅을 복음으로 충만하게 하여 2만 명 이상의 선교사를 전 세계로 파송하여 복음을 전하게 하신 하나님! 특별히 선교지에서 알파코스로 복음을 전하는 것이 효과적이며 열매를 많이 맺는다는 소문이 나 있기 때문에, 전 세계 어디에서든지 우리나라 선교사님들이 여러 가지로 도움을 요청하시면, 알파코리아에서는 교재를, 그리고 알파코리아 이사님들 교회에선 숙식비 보조와 자비량의 경비로 그 먼 선교지까지 달려가곤 했다. 이사님들도 서로 섬기려 하시니 그 교회들은 알파코스로 인한 부흥의 축복으로 충만했다.

알파코스를 적용하는 교회들이 서로 섬기는 모습을 볼 때면, 또 게스트들이 와서 변하는 모습에 함께 신앙이 성장하는 모습을 바라보며 목사님들께서 행복해하시면 나도 덩달아 행복하다. 특별히 알파코스로 예수님이 어떤 분인지 발견하고 흥분한 초신자들이 전도에 열심을 내니, 그들 곁에는 믿지 않는 영혼들이 많은 까닭에 끊임없이 재생산이 이루어지는 기쁨이 가득했다.

그런데 2007년, 인터넷상에 두세 곳의 교회에서 담임목사님과 화목하지 못한 성도들이 교회와 담임목사님을 비방하면서 담임목사님이 적용하시는 알파코스를 공격했다. 주말수양회의 성령사역이 문제란다. 알파코스의 본질인 영혼 구원에 대한 열정보다, 표적과 기적에 관심이 많은 사람들은 몇몇 교회에서의 성령의 나타나심에 대한 간증들을 문제 삼으며 이것이 알파코스의 본질인 양 인터넷 매체들을 통해 공격했다.

니키 검블은 '알파의 원리' 강의 중 능력 전도 부분에서 성경 속의 성령의 나타나심과 표적들을 열거하면서, 그 말미에 "그러나 우리의 궁극적인 관심은 기사와 표적에 머물지 말고 그것들을 일으키시는 사랑의 하나님에게 두어야 한다"고 강조한다.

컨퍼런스에 참석하셔서 내용을 이해하신 분들은 정말 잘 왔다고 하시면서, 견고한 하나님의 말씀에 기초를 두고 있으며 교회의 본질을 잘 드러내고 있고 신학적으로도 모순되지 않는, 시대에 맞는 탁월한 프로그램이라고 좋아하신다. 실제로 알파코스는 여러 신학자들에 의하여 검증된 프로그램이다. 빌 하이벨스 목사님의 경우엔 "알파코스는 비그리스도인과 교회, 그리고 예수 그리스도 간의 단절된 관계를 연결시키는 프로그램입니다. 알파는 세상에서 가장 잘 알려진 전도 프로그램의 하나입니다. 나보다 알파의 효과를 더 잘 경험한 사람은 없을 것입니다. 나는 알파코스의 비전과 사역에 큰 박수를 보냅니다"라고 말씀하셨고, 릭 워렌 목사님의 경우엔 "알파코스는 ① 진리를 찾는 불신자들에게 다가가는 도구 ② 교회에 활력을 불어넣기 위한 도구 ③ 새신자들을 도울 수 있는 도구로 21세기 가장 강력한 전도 방법 중 하나입니다. 알파는 100퍼센트 추천하고 보증할 수 있는 신뢰성을 가지며, 할 수 있는 한 교회의 소그룹에서 알파코스를 꼭 진행하라고 저는 항상 독려합니다"라고 말씀하셨다.

안티 크리스천들이 공격하는 상황에서 공격을 위한 공격의 글들이 인터넷에 범람했다. 화목하지 못한 몇몇 교회가 어려움을 겪는 모습을 보면서 마음이 아파 왔다. "알파코스를 적용해서 교회가 섬김의 구조로 변하고, 잃어버린 영혼을 찾는 데 초점이 맞춰진, 하나님이 기뻐하시는 교회가 되시기를 원한다"고 하며 권해 드리지만, 나에게도 일말의 책임이 없진 않다는 생각이 들어, 돌아보는 계기로 삼았다.

'대나무가 바로 자라려면 매듭이 필요하듯이, 점검을 하자.'

우리나라의 현실에서, 특히 보수적인 교회들이 많은 풍토에서 사려 깊지 못한 부분이 있지는 않았는가? 또 몇몇 교회의 간증들이 알파코스의 보편적인 이미지처럼 잘못 알려진 부분이 있다면 바르게 알려야 할 필요도 있었다.

특별히 보수적인 두 교단의 노회가 청원하여 검증 작업을 시작했다. 안타까운 것은 검증위원 구성이었다. 조직신학 교수, 실천신학 교수, 선교학 교수들로 다양하게 구성하여 공정성을 가지고 검증하기보다는, 알파코스를 해 보지도 않은 조직신학 교수 몇 분이 정죄하는 듯한 결론을 가지고 임하는 모습을 보고 가슴이 아팠다. 도무지 잠이 오질 않았다.

그래도 감사한 것은, 합동 측과 합신 측의 몇몇 교수 및 목사님들께서 성령의 나타나심에 대해 개혁주의를 거론하며 반론을 제기하실 때 합동 측의 목동성문교회를 담임하고 계신 황정식 목사님께서는 총신신대원 목회신학 시간에 알파코스를 강의하고 계셨는데, 목사님은 당신의 토크 교재를 내주시고는 개혁주의 이론과는 그 어디에도 부딪치는 내용이 없다는 확신을 주시면서 한국 교회가 알파코스를 바르게 이해하는 데 있어 많은 도움을 주셨다.

목사님께선 40년 목회를 하시면서 안 해 본 프로그램이 있겠냐고 하신다. 그러면서 사람이 변하는 것은 알파코스가 가장 감동적이라고 하신다. 목동성문교회 장로님들 또한 대표기도 때마다 진행되는 알파코스를 위해 꼭 기도하신다. 나는 감사한 마음으로 목사님께 이사장으로 섬겨 주실 것을 부탁드렸다. 그랬더니 장로님들께서는 총회장을 하시길 원하시지만, 이 시대 가장 효과적으로 복음을 전하는 알파코리아를 위해 섬기는 것이 한국 교회를 위한 일이 아니겠냐 하시며 흔쾌히 수락하시어 2년 동안 알파코리아의 이사장으로 섬겨 주셨다. 힘들 때마다 격려해 주신 참으로 고마운 분이다.

알파코스를 바르게 이해하고 적용하면서 행복해하시는 많은 목사님들이 나의 건강을 걱정하며 격려해 주셨다. 또 많은 목회자 분들께서는 이러한 일들이야말로 영향력이 지대하다는 증거라고, 영향력이 없으면 잠잠하다며 격려를 하신다. 알파코스가 그만큼 영향력이 있다는 반증 아니냐고. 이 과정을 보다 못한 한 교수님은 기독교 주간지에 '알파코스의 신학적 판단을 재고하라'는 글을 기고하셨다. 그 내용은 첫째, 검증 작업을 하기에 앞서 이미 그 운동을 판단하거나 정죄하려는 입장을 가지고 임해서는 안 된다. 그러면 이미 그 운동에 좋지 않은 편견이 개입되어 공정성을 상실하게 되기 때문이다. 둘째, 신학적 전통에 입각하여 비판하려 할 때 목회와 선교의 실천분야는 조직신학이나 성서신학과 같은 학문 분야보다 훨씬 폭이 넓을 수밖에 없음을 감안하여야 한다. 셋째, 새 패러다임의 필요성을 인정하고 격려하는 마음을 가져야 한다. 넷째, 성령의 능력으로 나타나는 현상에 대해 지나치게 부정적으로 보지 말아야 한다는 요지였다. 감사했다. 그리고 하나님께서도 안타까워하신다는 위로의 마음을 주셨다.

주일예배 때는 목사님의 설교를 통해 강동만 집사의 예화를 들었다. 실화란다.

강동만 집사는 미국에 사는 한국인 교포인데, 사냥 허가 지역에서 사냥을 하고 있었다. 그런데 두 마리의 사냥개가 산천이 떠나가라 짖으며 쏜살같이 달려가기에 쫓아가 보니, 커다란 호랑이가 나무 위에 올라가 있고 그 밑에서 두 마리의 사냥개가 호랑이를 보며 짖어대고 있었다. 금방이라도 호랑이가 덮칠 것 같은 두려움이 엄습해 왔다. 떨리는 손으로 방아쇠를 당기니, 호랑이가 총에 맞아 나무에서 떨어졌다. 그러자 두 사냥개가 죽은 호랑이 위에 올라 컹컹 짖었다.

도저히 이해가 안 되었다. 이 사냥개들이 어떻게 호랑이를 쫓았을까? 호랑이 입장에서는 또, 대부분의 동물들은 자기를 보면 도망을 가는데, 사자도 아닌 개가 겁도 없이 쫓아오니 얼마나 기가 막혔을까? 하도 기가 막혀 일단 나무에 올라가 보자 하지 않았을까?

그러는데 생각이 났다. 한 달 전쯤 사냥을 갔는데 이 두 마리의 사냥개가 커다란 곰 앞에서 벌벌 떨고 있었다. 강동만 집사의 총 한 방에 곰이 쓰러졌고, 이제 사냥개들은 자기 주인이 있는 한 무서울 것이 없다는 것을 알았던가 보다.

'건강한 자아상' 이라는 내용이었다.
'맞다. 나의 주인은 하나님이시지 않은가.'
찬양을 부르는데 눈물이 흘렀다.

주님 말씀하시면 내가 나아가리다

주님 뜻이 아니면 내가 멈춰 서리다

나의 가고 서는 것 주님 뜻에 있으니

오 주님 나를 이끄소서

뜻하신 그곳에 나 있기 원합니다

이끄시는 대로 순종하며 살리니

연약한 내 영혼 통하여 일하소서

주님 나라와 그 뜻을 위하여

오 주님 나를 이끄소서

담대한 마음이 생기니 평안이 왔다. 사탄의 전략은 분열시키고 파괴하기 위한 것이나, 하나님의 전략은 언제나 연합하고 세우기 위한 것이라는 글이 생각났다.

라인하르트 본케는 말한다.

"전도하기 전에 교회가 바로 서야 하지 않느냐고 말하는 이들이 있다. 하지만 전도야말로 교회를 바로 세워 준다."

나는 이 말을 좋아한다.

알파코스는 신약성경에 기초한 순수한 전도 프로그램이다. 특정 교단의 교리로 만들어진 양육 프로그램이 아니다. 알파코스로 인해 교회가 하나로 연합하고 세워지는 축복이 얼마나 많은가. 니키 검블의 '목회적 돌봄' 강의에서, 섬기는 지도자의 일반적인 태도인 첫째, 격려자가 되라, 둘째, 듣는 자가 되라, 셋째, 화평케 하는 자가 되라는 내용이 생각났다.

격려해 주시는 목사님들과 함께 의논을 했다. 싸우지 말고, 그들의 말을 경청하되 이해하지 못하고 있는 부분을 이해시키며, 묵묵히 목회 현장에서 감동으로 이겨 나가자고 하신다.

커다란 바위처럼 흔들림 없이, 변함없이 묵묵히 섬기자는 결단을 내리고, 오해하시는 분들을 위해 2008년 7월 11일, 여전도회관에서 '알파코스의 바른 이해를 돕기 위한 심포지엄'을 개최하였다. 감사하게도 두 교단의 신학자들과 한국기독교총연합회 전문위원들이 참석하시고, 알파코리아 측에서 이사장님과, 잘 적용하시는 담임목사님 세 분 그리고 내가 참석했다.

두 교단의 신학자들의 견해와 알파코리아 측의 견해에 있어 많은 차이가 나는 아픔은 어쩔 수 없었다. 객관적인 입장에서 본 한기총 이단사이비대책 전문위원이며, 고신 유사기독상담소 소장이신 최병규 목사님은 "2007년 이후부터 계속 알파코스에 대하여 여러 부분에서 지적과 조언을 해 왔고, 알파는 그것을 계속해서 수정해 왔으며, 그렇게 확신하고 있다"는 견해를 말씀하시며, "교단에서는 개교회가 활용할 수 있는 프로그램을 개발하지는 않으면서 특정 프로그램이 잘되면 왜 그것을 비판하는가?"라고 반문하셨다. 또 "알파코스가 예수를 위해, 교회를 위해 사용된다면 그리고 지적을 받아들인다면, 격려하며 교단들이 수용하고 받아들여야 하지 않겠느냐"며 안타까움을 표하셨다.

견해의 차이는 두 교단의 신학자들이 개혁주의 관점에서 보고 있기 때문이었다. 총신대학교 학부와 신대원 7년 동안을 수석으로 다니셨다는 최명근 목사님께서 "양육 프로그램이라면 교단의 교리의 잣대로 볼 수 있지만, 알파코스는 전도 프로그램이기에 신약성경에 어긋나지 않으면 된다"고 하셨을 때 모두가 조용해지기도 했다.

한기총 이단사이비 문제 상담소장이신 최삼경 목사님은 "알파에 이단적 요소는 없다. 어디든지 온전한 프로그램은 없다. 수정 보완을 하면 된다"는 의견과 함께 "신비주의적 현상들을 막기 위한 적극성은 보여야 한다"는 충고도 덧붙이셨다. 그래서 나는 컨퍼런스 때 알파의 본질만 강의하고, 알파의 어느 교재에도 없는 신비주의적 현상의 간증들은 강사 분들 또한 하지 않도록 하겠다며 심포지엄을 마쳤다.

많은 목사님들의 격려와 노력 속에 한 교단은 '주의'로, 한 교단은 '예의주시'라는 결론을 내렸다. 그래, 주의해야 할 것이 왜 없겠는가. 받아들일 것은 받아들이고, 보완할 것은 보완하면서, 생명을 걸고 섬기는 일인데 겸손하게 더욱 열정적으로 섬기자고 결심했다.

심포지엄을 무사히 마친 후 이듬해인 2009년 2월, 나는 한국 교회가 알파코스를 바르게 이해하도록 돕기 위해 니키 검블을 초청하여 컨퍼런스를 열었다. 많은 목회자들이 참석하기를 바라는 마음으로 여의도순복음교회 대성전을 빌리고 그 자리를 차고 넘치게 하실 하나님을 의지하며 기도하기 시작했다. 그 많은 좌석을 어떻게 다 채울 거냐는 많은 분들의 염려가 무색해질 만큼, 하나님은 그 자리가 차고 넘칠 만큼의 인원을 보내 주셨고, 니키 검블의 강의 후 많은 부정적인 견해들이 사라지게 되었다.

폭풍과도 같은 시간들을 보낸 후 나는 다시 한 번 돌봄의 일반적인 태도 세 가지를 마음에 새겼다.

'격려자가 되라, 듣는 자가 되라, 화평케 하는 자가 되라.'

안금남 목사님이 들려주신 예화가 생각났다.

충북 옥천에 신혼부부가 있었다. 신부가 저녁 늦은 시간까지 책을 보니까, 신랑이 감자를 깨끗하게 깎아 맛있게 삶아 설탕을 뿌려 가지고 와서 "이 감자 먹고 공부해. 설탕까지 뿌렸으니 아주 맛있을 거야" 하니, 신부가 "당신 집안 참 이상하다. 우리 집에선 소금 찍어 먹는데" 한다. 신랑이 '집안' 하는 소리에 마음이 걸렸나 보다. "니네 집안은 뭐가 잘나서…" 하면서 싸움이 붙었단다. 사흘을 싸움하다 이혼을 했다고 신문에 나니, 어느 한 교수가 칼럼을 썼다.

"참 이상하다. 우리 집안은 대대로 그냥 먹는다."

춘천에 가니 강원도에선 고추장에 찍어 먹는단다. 감자를 먹는 습관이 다를 뿐, 감자를 먹는 것은 같지 않은가 하시며, 우리가 다른 것과 틀린 것은 구분하지 않고 나와 다르면 틀리다고 정죄하니 싸우고 분열되는 것이라고 안금남 목사님은 말씀하셨다. 틀린 것은 고쳐야겠지만, 다른 것은 인정하고 격려할 줄 아는, 화평케 하는 사람이 되자는 말씀이다.

알파코스는 신약성경을 기초로 한 순수한 전도 프로그램이다. 교단의 교리가 다르면 교단의 교리를 존중하면서, 하나님께서 기뼈하시는, 영혼을 살리고 화평케 하는 자로 생명의 역사를 이루어 가야 하리라.

"화평케 하는 자는 복이 있나니 저희가 하나님의 아들이라 일컬음을 받을 것임이요"(마 5:9).

· · · · ·

해외 및 국내에서 알파코스를 추천해 주신 분들

"알파는 잃어버린 그리스도인에게 다가갈 수 있는 이 시대의 확실한, 힘 있는 도구이며, 동시에 그들을 성숙한 그리스도인으로 성장시키기 위해 돕는 도구입니다."

_ 빌 브라이트(전 C.C.C 회장)

"나는 알파코스로 인해 교회와 교도소 안과 밖에서 변화된 삶을 살아가는 많은 사람들을 알고 있습니다. 그렇게 힘 있게 알파를 사용하고 계신 하나님을 찬양합니다."

_ 찰스 W. 콜슨(교도 협력목회 창시자)

"알파코스는 비그리스도인과 교회, 그리고 예수 그리스도 간의 단절된 관계를 연결시키는 프로그램입니다. 알파는 세상에서 가장 잘 알려진 전도 프로그램의 하나입니다. 나보다 알파의 효과를 더 잘 경험한 사람은 없을 것입니다. 나는 알파코스의 비전과 사역에 큰 박수를 보냅니다."

_ 빌 하이벨스(윌로우크릭 교회)

"복음의 중심에는 전도와 훈련이 있습니다. 알파코스는 이 두 개를 효과적으로 수행하도록 짜인 프로그램입니다. 우리는 개 교회에서 성공적으로 이 프로그램을 사용해 왔습니다. 알파를 기쁜 마음으로 추천합니다."

_ 고든 D. 피(캐나다 리전트 칼리지)

"예수 그리스도는 알파를 통해 영속적인 성장에 대한 본질과 정신을 사로잡고 있습니다. 이 코스는 사랑과 힘이 넘치는 복음의 메시지가 나타나는 한편, 모든 사람들을 환영하는 신의 있고 열려 있는 마음을 제공합니다."

_ 조지 H. 갤럽(조지 H. 갤럽 국제연구소)

"알파코스는 복음의 열정이 있는 전도와 양육을 위한 좋은 프로그램으로 기독교의 기본 진리를 가장 확실하게 전달하고 있습니다. 우리는 교회에 알파코스를 적용하여 좋은 열매를 거두었기에 기꺼이 알파코스를 추천합니다."

_ 제임스 패커(리젠트대학 신학교수, 세계복음주의 신학자)

"나는 알파를 전략적인 도구로 봅니다. 영적으로 굶주려 있는 자들에게 만족스러운 답을 주는 섬세한 도구입니다."

_ 잭 W. 헤이포드(킹스신학교 총장)

"알파는 영혼을 구원하고 사람을 훈련시키며 사람들의 수를 증가시키는 역동적인 영적 사역으로 수천, 수만의 사람들을 변화시켰습니다. 나는 이 비전이 계속 확산되어 전 세계적인 축복이 될 것을 확신합니다."

_ 로렌 커닝햄(YWAM 국제 총재)

"알파는 이웃과 친구들에게 모든 사람들을 위한 예수님의 생명의 메시지를 소개하는 데 가장 좋은 방법들 중 하나입니다. 나는 알파코스를 적극 추천합니다."

_ 리처드 포스터(〈기도〉, 〈생수의 강〉 저자)

"알파코스는 ① 진리를 찾는 불신자들에게 다가가는 도구 ② 교회에 활력을 불어넣기 위한 도구 ③ 새신자들을 도울 수 있는 도구로 21세기 가장 강력한 전도 방법 중 하나입니다. 알파는 100퍼센트 추천하고 보증할 수 있는 신뢰성을 가지며, 할 수 있는 한 교회의 소그룹에서 알파코스를 꼭 진행하라고 저는 항상 독려합니다."

_ 릭 워렌(새들백교회)

"알파코스는 지금, 사람들을 교회로 인도하고, 이미 그리스도를 믿는 사람들의 신앙을 격려하는, 신뢰할 만하고 가장 중요한 방법 중의 하나가 되었습니다. 나는 그들의 사역을 확대하고 강화시키기를 원하는 방법을 찾는 교회의 모든 지도자들과 회중에게 이것을 강하게 추천합니다."

_ 알리스터 맥그라스(위클리프 홀, 옥스퍼드, 리젠트신학대학 교수)

"알파코스는 영적인 어둠이 덮고 있는 영국에서 시작되어 유럽과 세계를 깨우는 새벽의 정기처럼 온 세상의 교회를 일으켜 세우고 있습니다. 전도의 전환점을 찾지 못하고 있는 한국 교회를 위해서도 매우 강력한 신병기가 될 것을 확신합니다. 전도폭발이 전도훈련 그 자체로 한국 교회를 도울 수 있었다면, 알파코스는 성경공부와 전도를 접목한 새 시대 한국 교회 부흥의 알파가 되리라는 신선한 예감으로 이 코스를 추천하고 싶습니다."

_ 이동원 목사(지구촌교회 원로목사)

"알파코스는 개인에게는 성삼위 하나님과의 인격적 만남과 관계의 통로를 열어 주고, 공동체에게는 교회의 본질을 회복하는 지름길입니다. 2008년 4월 대구제일교회에서 컨퍼런스를 개최한 후 1기 알파코스를 적용했습니다. 알파코스를 통해 말씀의 역동성, 섬김의 감동, 친교의 기쁨이 넘치는 경험을 했습니다. 알파코스를 통해 한국 교회가 보다 건강하고 성숙된 교회로 발돋움하기를 소망하며 알파코스를 적극 추천합니다."

_ 고용수 목사(전 장로회신학대학교 총장)

"한국 교회가 가지고 있는 문제점은 성장이 둔화되고, 교회의 노령화로 인해 많은 교회들이 생동감을 잃어버린 것과, 많은 목회자들이 개척하기를 주저하는 것입니다. 알파코스는 기존 교회를 생동감 있게 성장시키고, 특히 개척을 하고자 하는 모든 사역자들에게 알파를 강력히 추천하는 바입니다."

_ 김의원 전 총장(총신대학교)

"알파코스는 기독교의 기본 진리를 한국 교회 성도들에게 가장 확실하게 각인시키는 교육의 장입니다. 또한 한국 교회가 진리를 찾고 있는 불신자들에게 다가가는 도구이며, 전도와 봉사를 통해 개 교회에 활력을 불어넣을 수 있는 프로그램입니다. 동시에 새신자들이 교회에 정착할 수 있도록 돕는 방법으로, 21세기 가장 강력한 전도 방법과 교회 성장 방법 중 하나입니다. 저 자신도 알파 교육을 받으면서 깊은 감동을 받은 바 있어 적극 추천합니다."

_ 최종진 교수(전 서울신학대학교 총장)

"예수님께서 그토록 세우시기를 원했던 바로 그 교회. 1세기에 있었던 그 아름다웠던 교회. 21세기 성령께서 이루고 계시는 그 교회는 어떤 교회일까? 가족(공동체)을 이루고 밖으로는 사단에게 빼앗긴 영혼을 되찾는 교회가 바로 그 교회이다. Alpha 안에는 교회를 교회되게 하는 원리와 능력이 있다."

_ 류영모 목사(한소망교회)

"저는 알파코스가 우리 한국의 5만 교회와 1,200만 성도를 축복해 주신 살아 계신 하나님께서 한국 교회의 물량적 성장, 여기에 내실화를 기하는 뜨거운 성령으로 다시 충만함을 받은 우리 교회로 거듭나길 바라는, 하나님이 주신 큰 은사요, 선물인 줄 믿습니다. 무엇보다 저는 이 알파코스에 참여하면서 받은 은혜를 제가 섬기는 의회 선교의 현장인 국회에 한번 심어 봤으면 좋겠다고 생각합니다. 알파코스가 국회의원들의 심령에 강한 성령의 은사를 부어 주시도록, 국회 알파코스가 이 사역을 감당했으면 좋겠다는 생각을 가지고 있습니다."

_ 김영진 장로(전 국가조찬기도회 회장)

"알파코스가 한국 교회에 주는 유익은 일일이 열거하기 어려울 정도로 많습니다. 무조건 예수 믿으라고 강요하지 않으면서 자연스럽고 합리적으로 예수를 왜 받아들여야 하는지를 설득하고, 한국 교회에 성령 운동의 새로운 바람을 일으키게 한다는 점에서 특히 돋보입니다. 알파코스를 통해 불어오는 교회 내 신선한 바람을 타고 교회들이 끊임없이 새로운 것을 실험하고 개척해 나가야 합니다."

_ 김학중 목사(꿈의교회)

"이 코스는 전도 운동, 소그룹 운동, 성령 운동 그리고 사랑의 불꽃 운동을 모두 포함한 통합 프로그램으로써 지금까지 개발된 새신자 정착 프로그램들 중에서 교회 성장에 가장 효과적인 것으로 평가받고 있어 알파를 적극 추천합니다."

_ 명성훈 목사(전 교회성장연구소 소장)

"셀 목회를 지향하는 모든 교회에게 알파코스를 적극 추천합니다. 왜냐하면 이보다 더 효과적인 전도 프로그램을 만나 보지 못했을 뿐 아니라 건강한 셀 그룹을 형성하기 위한 토양화 작업으로 시행하면 너무나도 좋은 프로그램이기 때문입니다. 알파코스의 사역이 한국 교회의 토양에 깊이 뿌리박히기를 바랍니다."

_ 박영철 교수(침례신학대학교 전 목회대학원 원장)

"안식년으로 밴쿠버에 있을 때 알파코스에 대해서 듣고 정말 복음이 부담되지 않고 분명히 전할 수 있는 프로그램이라고 느꼈습니다. 그런 프로그램은 자칫 지적으로만 흐르기 쉬운데 영적으로 든든하게 세워 주는 과정이 있어서 정말 균형 잡힌 프로그램이라고 생각했습니다. 우선적으로 이랜드 그룹의 믿지 않는 직원들에게 적용했는데 정말 예상 밖의 큰 열매가 있었습니다. 요즈음 우리 회사의 전도의 열매는 알파코스를 통해서 얻고 있습니다."

_ 방선기 목사(직장사역연구소 소장)

"복음을 통하여 잃어버린 영혼을 구원하는 것보다 교회가 더 관심을 가져야 할 일은 없습니다. 저의 목회에서도 불신자의 영혼 구원은 언제나 최우선 과제였습니다. 그런데 교회가 힘을 잃어 가는 시대에 영국의 니키 검블 목사에 의해 창안된 알파코스는 영국 교회를 비롯한 유럽 교회에 새 바람을 일으키고 있으며, 한국 교회에도 전도와 정착에 있어서 이보다 더 좋은 프로그램은 없다고 생각합니다. 그런 의미에서 이 프로그램은 하나님의 축복이라고 생각합니다. 우리 교회에 적용하면서 큰 축복을 누리고 있습니다. 바라기는 한국의 모든 교회가 도입하여 교회가 새롭게 일어나기를 바라마지 않습니다."

_ 전병금 목사(전 한국장로교총연합회 대표회장)

"알파는 영성과 지성을 겸비한 21세기를 위해 준비된 가장 탁월한 전도 양육 사역이라 믿습니다. 저는 알파 사역을 계속하고 있고, 많은 사람들에게 소개하면서 지속적으로 구원의 놀라운 역사를 경험하고 있습니다. 주님께서 새롭게 영혼 구원과 사랑에 대한 놀라운 체험을 하게 하고 계십니다. 알파 사역을 하는 모든 교회와 사람들이 복음의 능력을 통해 나타나는 구원, 치유, 회복, 새롭게 되는 변화, 섬김, 능력 주심을 날마다 경험하게 될 것을 확신합니다."

_ 전용복 목사(목회개발원 원장)

"한국 교회는 지금 성장이 둔화되고 있으며, 신앙 성숙을 위한 새로운 전환기를 맞고 있습니다. 이러한 시기에 알파코스가 한국에 소개되어 교회 활성화를 위한 새로운 활력소 역할을 하게 된 것을 참으로 다행이라 생각합니다. 알파코스는 기독교 신앙과 진리를 단순하면서도 새롭게 이해할 수 있도록 인도해 주고 있으며, 기존 신자들의 재교육과 새신자 전도와 양육에 가장 효과적인 방안이 되고 있습니다.

알파는 불신자들을 이끌 수 있는 목소리와 손 그리고 발이 되는 도구로서 새신자 정착에 탁월한 영향력이 있기에 한국의 모든 교회에 적극적으로 추천합니다."

_ 정철범 전 대주교(대한성공회)

"우리는 시대가 흐를수록 점점 전도가 쉽지 않음을 경험하며 낙심할 때가 많습니다. 이런 때에 알파코스는 전도에 대한 새로운 비전을 제시하고 있습니다.

알파코스는 불신자들을 자연스럽게 교회와 친숙하게 하며 부담 없이 복음을 받아들이도록 하는 프로그램입니다."

_ 조용기 목사(여의도순복음교회)

"4~5년 전 교회 한 스태프로부터 알파 컨퍼런스를 다녀왔는데 다른 교회들의 반응이 너무 좋다는 이야기를 들었습니다. 그래서 다른 스태프들과 함께 직접 컨퍼런스에 참석해 보니 '정말 잘 왔구나' 하는 생각이 들었습니다. 교회로 돌아와서는 곧장 알파코스를 적용해서 놀라운 열매를 보게 되었습니다. 두 번에 걸쳐 알파코스를 적용했는데, 기대 이상의 열매를 거두었습니다. 그래서 본 교단의 총회에서 동역자들에게 알파코스를 강력히 추천하였으며, 모든 한국 교회 목회자 분들에게도 동일한 마음으로 적극 추천하는 바입니다."

_ 최홍준 목사(전 합신 총회장)

"제가 육군 본부 교회 담임목사로 있을 때, 가는 교회마다 저는 알파코스를 실시했습니다. 첫째는 제가 행복한 목사가 됐기 때문입니다. 그러다 보니 우리 교인들 또한 행복해합니다. 알파코스를 진행하면서 놀란 것은 알파는 정말 복음적이라는 것입니다. 둘째는 성령의 사역이 있기 때문입니다. 장군이 주말수양회를 통해 방언을 받기도 하는 등 성령의 역사가 일어나고 있습니다. 21세기는 영적인 전쟁의 시기입니다. 두렵고 어려운 여러 환경의 문제가 있겠지만, 매뉴얼대로 적용해 나가다 보면 하나님께서 어떤 일을 이루시는지 기이한 일들을 보게 될 것입니다."

_ 홍은해 대령(전 군종감)

"골짜기가 없이는 산에 오를 수 없다."

- 루처 -

다음 세대를 위하여

고난이 주는 유익은 지난날을 되돌아보며 부족함을 발견하고 다시 한 번 나를 가다듬는 기회를 주는 것 같다.

전도가 점점 어려워지는 시기이다. 알파코스가 신선하게 새로운 비전을 제시하며 소개되었고, 한 공동체로 정착하는 데까지는 탁월한 감동이 있었다. 전도는 되었으나 교회에 머무르지 않는 허전함을 경험한 교회들이었기에, 너무나도 많은 관심이 쏟아졌다.

우리 스태프들에게 하나님이 공감하시고 목사님들께서 공감하시는 일을 하자고 권면하며 노력했다. 목사님들께서는 "한두 번은 속지만 서너 번은 속지 않는다"고 말씀하시곤 했기 때문이다. 기존의 다른 세미나보다 알파코리아에서 주최하는 모든 사역은 파격적으로 등록비가 저렴했다. 식사비와 자료비만 받는 실비로 개최했다. 어느 목사님께선 "그렇게 해서 어떻게 유지하느냐"며 걱정을 해 주셨다. 든든하게 오랫동안 잘 섬겨 주어야 된다고, 제값을 받으라고 조언해 주시기도 했다.

멀리 보고 싶었다. 많은 교회가 적용하게 되면, 매뉴얼대로 적용하는 질서가 확립된다면, 저작권이 지켜지고 많은 영혼의 생명이 살아난다면, 재정적으로도 하나님께서 복 주시어 든든하게 서가리란 확신이 있었다. 그러나 현실은 달랐다. 교회가 저작권의 무풍지대였다. 마음대로 이름을 바꾸고, 게스트 매뉴얼은 복사해서 쓰고…. 세상 법정에 고발을 할 수도 없고, 영국 본부에 이야기하자니 부끄럽고 답답했다.

저작권을 무시하고 이름을 바꾸는 일들이 더욱 많아졌다. 본보기를 보이고 싶기도 했지만 저작권법이 너무 무거웠다. 5년 이하의 징역과 5천만 원 이내의 벌금이다. 많은 고민 속에 기도를 했다.

결론은 섬김의 감동으로 따라오게 하자, 한국 교회도 세상 법과 질서를 존중하고 이해의 폭을 넓히도록 섬기자, 교재도 게스트들이 환영받고 있다는 느낌을 가질 정도로 선물처럼 아름답게 만들자고 다짐하고 계속 업그레이드를 했다.

2007~2008년, 때로는 함부로 하는 말에 잠 못 이루는 고통이 따랐지만, 하나님은 기도하게 하시고 성찰하게 하시며 오히려 사역의 지경을 넓혀 주셨다.

2006년 12월 말, 청주에 계신 아버지를 뵈러 가는 길에 차 안에서 아내와 딸과 함께 찬양을 듣는데, 너무 내 마음에 와 닿아 서른 번쯤은 반복해서 들은 찬양이 있다.

아버지 당신의 마음이 있는 곳에

나의 마음이 있기를 원해요

아버지 당신의 눈물이 고인 곳에

나의 눈물이 고이길 원해요

아버지 당신이 바라보는 영혼에게

나의 두 눈이 향하길 원해요

아버지 당신이 울고 있는 어두운 땅에

나의 두 발이 향하길 원해요

나의 마음이 아버지의 마음 알아

내 모든 뜻 아버지의 뜻이 될 수 있기를

나의 온몸이 아버지의 마음 알아

내 모든 삶 당신의 삶 되기를

하나님 아버지의 마음, 아버지의 눈물이 어디에 계실까? 깨어진 가정과 상처 난 어린 영혼들에게 있지 않을까 하는 생각이 들었다. 그래서 2007년부터는 알파코리아 사역을 그곳에 좀 더 집중해 보자는 계획을 세웠다. 그래서 2007년에는 영국 본부에서 니키 리와 실라 리(Sila Lee)를 초청하여 아시아 최초로 결혼 컨퍼런스를 개최했다. 일산 한소망교회와 김해교회에서 열린 두 번의 결혼 컨퍼런스를 통해 '알파 결혼코스'에 와서 가정이 회복되고 '알파코스'에 참여하여 생명이 살거나, '알파코스'에 먼저 와서 생명이 살고 '알파 결혼코스'에 참석하여 가정이 회복되는 감동이 점점 확산되어 갔다. 무엇보다 니키 리는 컨퍼런스 현장에 70년 이상 된 코트를 입고 참석해서 우리 모두를 놀라게 했다. 증조할아버지께서 입으시던 옷을 할아버지가 물려받아 입으시고, 할아버지가 입으시던 옷을 아버지가, 그것을 다시 니키 리가 물려받아 입는 이들의 검소한 생활을 보며 자연스레 머리를 숙일 수밖에 없었다. 니키 리와 실라 리는 바쁜 중에도 2007년 12월에 한 차례 더 방문하여 강남교회에서 세 번째 결혼 컨퍼런스를 개최했다. 그리고 그동안 2회 이상 적용한 교회들의 간증을 들으며 기뻐했다.

2008년에는 가정사역에 깊은 관심을 가지고 알파 결혼코스를 적용하던 영광교회 박희찬 목사님 내외분이, 알파 결혼코스를 적용하여 가정이 회복되는 것을 보니 한국 교회에 이 두 사역이 꼭 필요한 것 같다고 하시며 본인 교회에서 컨퍼런스를 해 보겠다 하셨다. 영광교회는 개척한 지 9년 만에 알파코스로 장년 1,060명, 교육기관 630명으로 부흥한 행복한 교회가 되었다. 그 부흥의 현장에서 알파 결혼코스를 수료한 스태프들이 니키 리의 알파 결혼코스 매뉴얼 그대로 섬겼는데, 정말 감동적이었다.

이때부터 많은 교회들이 알파 결혼코스를 적용하기 시작했다. 가을에는 속초 낙산비치 호텔에서 수련회를 했다. 특히 영광교회 성도들이 휴가를 내어 목사님 내외분들을 섬기는 모습을 보며, 참석하신 목사님과 사모님들은 참으로 아름답고 감동적이었다고 말씀하셨다. 나는 박희찬 목사님 내외분과 영광교회 성도들을 통해 뜨거운 사랑과 격려를 받고 새 힘을 얻었다.

2007년 봄부터, 기도하면 눈물이 나는 사역지가 있었다. 교육기관이었다. 특히 다른 사역지에 비해 전문가가 양성되지 않았다. 교회학교와 중·고등부는 전도사님들이 목사님이 되기 전에 거쳐 가는 부서 정도로 여기는 것이 아닌가 하는 생각이 들었다.

알파코스를 적용하는 데 있어 특별히 중·고등부가, 유·초등부와 청년부에 비해 어렵다고 한다. 중간고사나 기말고사 때면 전멸이란다. 세상의 유혹을 받고 특히 음란물에 중독되는 현상이 많다는 통계가 나오는 이때에, 어찌해야 하나 하는 마음에 그들을 위한 기도가 계속되었다.

중·고등부 때 교회 생활을 착실히 해 오던 아이들도 대학에 진학하거나 직장에 취직을 하고 나면 신앙을 잃어버리는 경우가 허다하다는 이야기를 종종 듣게 된다. 교회가 이 아이들의 신앙을 어떻게 잘 지키게끔 도울 수 있을까?

이런 고민을 하던 중 반가운 이야기를 듣게 되었는데, 부산 우이동교회에서 수능을 마친 고3 학생들과 재수생들을 대상으로 중·고등부 알파를 진행했다는 것이다. 그런데 그 효과가 매우 놀라웠다고 한다. 대학에 가기 전 자신의 신앙을 점검하고, 청년이 되어서도 계속해서 믿음으로 살기를 다짐하는 이들의 모습을 떠올려 볼 때 기쁨의 눈물이 흐르지 않을 수 없다.

세상은 점점 더 악해져 가고, 다음 세대 아이들은 점점 갈 곳을 잃어 간다. 내가 어릴 적만 해도 교회는 우리가 모일 수 있는 가장 안전하고 건전한 공간이었다. 무엇보다 그렇게 모일 수 있는 여유가 있었다. 그러나 요즘은 어떤가? 학교를 파하고 집으로 가는 것이 아니라 다들 학원을 돌고 돌아 초주검이 되어 집에 들어가는 이때에 교회에서 모임을 갖는다는 것 자체가 거의 불가능에 가깝다.

요즘 학생들은 벌써부터 취직을 걱정한다고 들었다. 그래서인지 대학에 진학할 때도 어떤 과에 들어가야 취직에 도움이 되는지를 고려한다고 한다. 더 나아가 대학이 아닌 공무원 시험을 준비하는 학생들도 늘었다는 기사를 접한 적이 있다. 치열한 경쟁의 틈바구니 안에서 하나님에 대한 믿음을 강요하는 것 자체가 어불성설 같이 느껴지는 요즘이다. 그렇다고 이들을 그냥 놔둘 순 없지 않은가.

교리 공부와 성경공부만으로도 전도가 되었던 시절이 있었다. 그러나 주일 예배조차도 간신히 드려지는 오늘날의 현실 앞에서 이제는 무언가 다른 전도의 방법들이 요구되어진다. 그러다 보니 학교나 학원과 같은 관계의 틀 안에서 자연스럽게 전도가 이루어져야 한다는 의견들이 쏟아져 나오고 있다. 그렇다. 관계다. 믿음이 가는 사람에게 복음의 소식을 듣게 된다면 이보다 더 좋은 전도의 방법은 없지 않을까?

중·고등부 알파는 그래서 더 효과적이다. 특별히 학교에서 진행되는 알파코스는 더욱 그렇다. 학교에서 진행되는 알파코스를 통해 기존의 신앙을 가진 학생들은 더욱 하나님을 의지하는 자녀로 자랄 수 있고, 신앙이 없어 방황하던 학생들은 복음의 소식 안에서 학업으로 인한 스트레스와 미래에 대한 불안한 마음들을 아버지가 되어 주시는 주님 앞에 맡길 수 있어 안전하다. 이와 같은 안전하고 완전한 조치 안에서 자라 간다면 다음 세대에 대한 걱정과 염려는 잠시 접어 두어도 좋지 않을까?

여러 가지 고민을 거듭한 끝에 교육기관에서 알파코스를 성공적으로 잘 적용하는 교회들의 지도자들을 강사로 초빙하여, 2007년 8월, 문막의 새순 수련원에서 교육기관 컨퍼런스를 개최했다. 마지막 날, 어느 전도사님이 말했다. 담임목사님께서 가라고 하셔서 억지로 왔는데, 소름이 끼치는 감동이 있었다고.

그렇다. 이 땅의 미래는 다음 세대다. 이들을 위해서 울자, 이들의 생명을 위해 열정을 쏟아 보자고 다짐하게 되었다. 특별히 새순교회를 담임하시는 마평택 목사님은 영국에도 함께 가셔서 철저히 점검하신 후 알파코스를 잘 적용하신 분으로, 알파로 인해 온 교회가 행복해졌다고 하시며 한국에서 제일 큰 수양관을 지으셨다. 그리고 아직 누구에게도 대관하지 않으셨던 그 수양관을 알파코리아에게 처음으로 빌려 주셨다. 사용료와 식사비를 지불하고 왔는데, 다음 월요일 새순교회에서 전화가 왔다. 계산해 보니 알파코리아에 적자가 났겠더라 하시며 처음 받은 수입을 알파코리아에 전액 헌금하시겠단다. 참 힘들 때였는데, 가슴이 찡하며 눈물이 났다. 하나님께서 마 목사님을 통해 새 힘을 주시는구나 하며 더욱 순수성을 잃지 말고 열정적으로 복음을 전하자고 스태프들과 함께 다짐했다.

마 목사님께서는 '담임목사님 부부만을 위한 알파 컨퍼런스'에서 적용사례 특별 강사로 섬겨 주시며 담임목사님들께 많은 영감을 주셨다. "많은 전도 활동을 해 보았지만 세상 사람들이 영악해서 교회가 하는 일들을 다 읽고 있는데, 알파코스를 통해 순수한 하나님의 사랑을 전하니 눈물을 흘리며 머물더라" 하시며 행복함을 전하셨다. 많은 목사님들이 감동을 받으셨다.

2008년은 교육기관에 집중하는 한 해가 되기를 소망했다. 알파코스의 유·초등부는 윤세라 전도사님이라는 탁월한 지도자가 있는 한소망교회(담임 류영모 목사님), 중·고등부는 이영순 권사님이라는 탁월한 지도자가 있는 서로사랑하는교회(담임 안금남 목사님), 대학·청년부는 70~80명의 대학·청년부가 400~500명으로 부흥된 꿈꾸는교회(담임 박수진 목사님), 이 세 분의 담임목사님을 찾아뵙고 알파코리아의 꿈을 설명드리고 도움을 요청하니 흔쾌히 수락해 주셨다. 특히 한소망교회는 새 예배당 건축을 시작할 때였음에도 불구하고, 한국 교회를 섬기시겠다고 수천만 원을 교육기관 컨퍼런스 때 사용하라며 별도로 헌금해 주시기도 했다.

1, 2월에 한소망교회에서는 유·초등부 지도자들을 위한 컨퍼런스를, 서로사랑하는교회에서는 중·고등부 지도자들을 위한 컨퍼런스를, 꿈꾸는교회에서는 대학·청년부 지도자들을 위한 컨퍼런스를 개최했다. 1,200명 이상의 지도자들이 참석했다. 그리고 3월에는 방배동에 위치한 방주교회의 도움으로 저녁 시간만 일주일 동안 모든 지도자들이 참석하는 컨퍼런스를 개최했다.

마음이 이렇게 기쁠 수 있을까? "하나님, 이 부족한 사람을 통하여 다음 세대들을 섬길 수 있게 하시니 정말 감사합니다" 하는 기도가 절로 흘러나왔다.

2011년에는 의미 있는 책 한 권이 출간되었다. 〈닭이 먼저냐?

알이 먼저냐?)라는 책이다. 이 책은 진화론을 기정사실인 양 가르치는 현 세대에 일침을 가하는 책으로서, 왜 진화론이 아닌 창조론이 진리인지를 알기 쉬우면서도 재미있게 서술하고 있다.

이 책을 펴내며 많은 생각들이 오갔다. 진리가 아닌 것이 진리인 것처럼 위장되어 있는 이때에 어떻게 하면 더욱 효과적으로 진리를 외칠 수 있을까를 고민하게 되었다. 성경적이면서도 과학적인 근거가 명백한 여러 사례들을 통해 하나님이 이 세상을 얼마나 정교하게 만드셨는지를 알릴 수 있는 계기를 얻게 되어 기뻤다. 이 책은 전도용으로 쓰기에 알맞은 사이즈로 제작되었다. 그리고 우리나라뿐 아니라 해외에 계신 많은 분들에게도 도움이 되기를 바라는 마음으로 영문판으로도 출간했다.

이 책보다 앞서서는 진화론의 대가인 리처드 도킨스의 〈만들어진 신〉에 대항하기 위하여 영국 알파코스의 책임자인 니키 검블이 쓴 〈만들어진 신 vs 스스로 있는 신〉이라는 책을 출간했다. 이와 같은 크고 작은 시도들로 인해 오늘을 살고 있는 다음 세대 젊은이들이 조금 더 진리에 가까이 다가갈 수 있기를 희망해 본다.

"새로운 목표를 갖고 다시 한 번 꿈을 꾸는 데에는 나이가 없다."
- C. S. 루이스 -

별처럼, 보석처럼 빛나는 교회들

알파코리아와 함께 사역을 공유하며 늘 나를 위해 기도해 주시는 전용복 목사님은 국제중보기도자회 아시안 디렉터이시다. 서로사랑에서 출판한 〈12가지 유형으로 본 전략적 중보기도자〉의 저자인 토미 펨라이트(Tommy Femrite)를 매년 초청하여 집회를 열어 중보기도 사역에 대하여 한국 교회에 많은 유익을 주셨다.

14~15년 전인가 보다. 내가 토미 펨라이트에게 식사 대접을 하는데, 식사기도 중 잠깐 눈을 뜨고 고개를 들고 자기를 쳐다보라고 하시더니, "많은 귀한 목사님들께서 미스터 리(Mr. Lee)를 도와 미스터 리의 사역이 영향력 있도록 하실 것입니다" 하고 말씀하셨다. 나는 이 말씀이 이루어지는 것을 계속 느끼며 감사했다. 그런데 2007년에는 서로 시간이 맞지 않아 식사 대접을 할 수가 없어, 주일날 그분이 설교하시는 분당 한소망교회로 예배를 드리러 갔다. 설교를 하기 위해 단상에 올라가셨던 그분이 다시 내려오시더니

나를 일어서라 하시고는 손을 잡고선 "사탄이 미스터 리를 두 번 이상 죽이려 했지만, 하나님께서 지키셨습니다. 사탄이 앞으로 미스터 리를 계속 죽이려 할 것입니다. 담대하십시오! 하나님이 미스터 리와 함께하실 것입니다. 미스터 리에게 기쁨을 주실 것이며, 별처럼, 보석처럼 빛나는 교회들을 보는 기쁨을 주실 것입니다" 하며 말씀하셨다. 그러고는 옆에 앉아 있는 아내에게 손을 뻗어서 "기뻐하십시오. 사탄이 제일 싫어하는 것은 기뻐하는 것입니다" 하시고는 단상으로 올라가 설교를 하셨다. 놀라움도 잠시, 감사와 기쁨이 충만했다.

맞다. 별처럼, 보석처럼 빛나는 교회들! 잃어버린 영혼을 찾는데 초점이 맞춰진 교회들과 귀한 목사님들과 동역하는 기쁨을 주시는데, 나의 삶이 얼마나 행복한가. 두려울 것이 없었다. 나는 차분한 마음으로 평생 동안 변함없이 섬기겠다고 다짐했다.

2008년 8월 20일 주간에는 성은동산에서 여름방학 기간을 이용하여 교육기관 지도자들을 강사로 모시고 다시 교육기관 컨퍼런스를 개최했다. 그리고 8월 마지막 주는, 9월부터 알파코스를 적용하시는 교회들을 위한 수련회를 개최했다. 그런데 수련회 기간 중 청천벽력과도 같은 비보가 날아왔다. 꿈꾸는교회를 담임하시는 박수진 목사님께서 필리핀에서 교통사고로 순교하셨다고…. 너무나 놀라 숙소에 가서 한참을 누워 있었다.

'아! 하나님.'

1년에 세 번 열리는 수련회 때마다 초대만찬 토크를 하셨다. 이번에도 계획되어 있었는데, 필리핀에 선교사들을 위한 사역과 청소년들을 위한 대안학교 준비를 위해 다녀와야 하니, 이번엔 토크 강사를 못 하겠다고 양해를 구하며 며칠 전 함께 식사까지 하셨는데, 어찌 이런 일이!

대신 토크를 준비하는데 그분이 하시던 예화가 떠올랐다.

"우리가 보통 점잖지 못한 남자에게 늑대 같다 하잖아요. 그런데 늑대를 연구하는 동물학자들에 의하면 우리가 모르는 게 많다는 거예요. 늑대는 한 암컷과 결혼하면 한 암컷만 평생 사랑하고, 낳아 주신 부모님께 자주 찾아가 문안 인사를 드리고, 사냥을 해 오면 배가 고파도 암컷과 새끼들이 먹고 난 후 먹는다는 거예요. 특별히 아무리 강한 상대라도 새끼를 공격하면 죽을 때까지 싸운다고 해요. 정말 멋진 사내라는 거예요. 그렇게 멋진 늑대인데 사람들이 이상한 남자를 보며 늑대 같다고 하니까 늑대의 울음소리를 잘 들으면 '억울해!' 하고 운다는 거지요."

이 예화로 청중을 웃기신 후, "여러분 중에 기독교가 지루하고 거짓말 같고 나오는 상관이 없다는 분들이 계시다면 우리가 늑대를 잘못 이해하듯이 기독교를 잘못 이해하신 거예요" 하시면서 쉽고, 재미있고, 논리 정연하게 말씀하시던 모습이 생생하게 떠오른다.

교회에서 장례 예배를 드린 후 경북 의성 선영에서 하관예배를 드렸는데, 설교하시던 목사님이 이런 말씀을 전하셨다. "제가 4년 동안 멘토로 모셨던 목사님, 영혼을 향한 열정으로 같은 꿈을 꾸던 박수진 목사님이 지금 저에게 말씀하십니다. 나를 위해 울지 마라. 예수를 모르는 불쌍한 영혼을 위해 울라" 하고. 나는 얼마나 울었는지…. "하나님, 이 땅의 젊은이, 예수님을 모르는 젊은이들을 위해 울게 해 주십시오. 알파코스를 통해 이 땅의 젊은이들의 생명이 살게 해 주십시오. 같은 꿈을 꾸었던 박수진 목사님의 그 꿈이 이루어지도록 하나님을 더욱 의지하며 힘을 내겠습니다" 다짐하며 돌아왔다.

사무실로 돌아와 자리에 앉으니 새삼스레 액자 하나가 눈에 띈다. 14~15년 전인가 보다. 검은 얼굴에 간이식까지 했다는 사람이 열정적으로 강의하는 모습을 보시고는, 노 사모님께서 손을 꼭 잡으며 영양제와 함께 주신 액자 속의 시다. 오늘도 이 시가 영혼을 향한 뜨거운 눈물로 흘러내리며, 복음의 열정으로 내 가슴을 불타게 한다.

사랑하니까
사랑 때문에
사랑으로 가는 길
주님이 주신
사명의 길

그분의 마음을 알았기에
그분의 마음 안고

그분의 마음 전하는

그분이 주신

복음의 길

고난이 있고

눈물이 있고

헌신이 있는

그분 주신

선교의 길

영원토록 하늘나라

보배로운 면류관이

기다리는 사랑의 길

바로 그 길

생명의 길

❧

"눈에 눈물이 없으면 영혼의 무지개도 없다."

- 윌리엄 -

사랑하는 나의 가족들과 생명으로 생명을

아픔을 원하는 사람이 없듯이 아프지 않고 사는 사람도 없지 않을까? '내 아픔은 치료가 가능하겠지' 하는 막연한 생각을 하면서도 누구나 이 땅에서의 죽음은 피할 수 없는 것 아닌가. 아픔이 있을 땐 항상 함께하는 가족의 소중함을 새삼 느끼게 된다.

'좋은 곳(천국)에서 좋은 사람들과 영원히 함께 산다'는 영생의 양적인 의미를 생각하다가 아버지가 걱정되었다. 당시 우리 가족 가운데 아버지 한 분만 예수님과의 관계가 불분명했기 때문이었다. 그래서 91년 10월 아버지 생신 때 청주에 계신 부모님을 서울 우리 집으로 모셔왔다.

저녁 식사를 하기 전에 나는 먼저 동생들에게 성령의 도우심을 간구하는 기도를 드리도록 요청했다. 그리고 상 위에 성경을 올려 놓고 아버지에게 "최고의 생신 선물을 드리고 싶은데 제 이야기를 진지하게 들어주셨으면 좋겠습니다" 하고 부탁을 드렸다. 아버지는 조금 당황해 하시면서도 나의 표정이 너무 진지했던 탓인지 허리를 곧게 펴고 자리에 앉으셨다.

나는 무릎을 꿇고 앉아 간절한 마음으로 복음을 전했다. 아버지는 귀를 기울여 들으시더니 함께 영접 기도를 드리셨다. 나의 마음은 평안의 기쁨과 안도감으로 가득 찼고, 옆에서 지켜보시던 어머니도 기뻐하셨고, 동생들도 모두 함께 기뻐했다.

이렇게 부모님의 신앙에 대해 안심할 수 있게 되자 당시 중학교 2학년이었던 아들 준화와 초등학교 6학년이었던 경화의 신앙도 검증을 해 보고 싶었다. 그래서 며칠 후 아이들에게도 진지하게 복음을 전했더니 아이들 역시 기쁜 마음으로 나와 함께 영접 기도를 드렸다. 아버지에 이어 아이들의 신앙까지 모두 검증을 마친 나는 너무도 기쁘고 행복한 마음이었다. 몸은 아팠지만, 죽음 이후에 사랑하는 가족들을 모두 천국에서 만날 수 있을 것이라는 확신은 내게 큰 행복감을 안겨 주었다.

하나님의 은혜로 수술을 통해 새 생명을 얻은 후, 96년 부모님 결혼 50주년 기념 축하 잔치를 온 가족이 함께 해 드렸다. 큰 수술로 인해 부모님을 너무 놀라게 해 드렸지만, 새 생명을 얻어 부모님을 기쁘게 해 드릴 수 있었기에 나는 감개무량했다. 나에게 있어 부모님과 가족들은 이 세상 그 무엇보다도 소중한 사람들이다. 특히 어머니는 더욱 그러하다.

어머니는 가난과 전쟁으로 점철된 질곡의 세월을 고스란히 온몸으로 받아내면서도 헌신적인 사랑으로 나를 지키셨다. 그런 어머니께서 2005년 소천하셨다. 그래서인지 나이 예순을 훌쩍 넘긴

나는 지금도 어머니 산소에 가면 어린아이처럼 두 팔을 벌리고 산소를 껴안는다. 산소를 껴안고 있으면 살아생전 나를 위해 눈물로 기도하시던 그 어머니의 사랑은 모든 것을 가능하게 하는 사랑이라는 것을 다시금 깨닫는다.

　생사의 문턱을 넘나드는 경험을 하면서 나는 내 주변에 너무도 소중한 가족이 있었음을 깨닫게 됐다. 부모님의 헌신적인 보살핌과 사랑, 늘 곁에서 나를 지켜봐 주었던 아내, 그리고 사랑하는 아이들, 특별히 하루도 빠짐없이 나를 위해 기도해 주던 세 여인, 즉 어머니, 장모님, 그리고 아내의 헌신적인 기도와 사랑에 늘 고마운 마음뿐이다. 이들의 후원과 격려와 사랑이 없었다면 어떻게 오늘의 내가 있을 수 있었겠는가. 이 책을 빌려 나에게 살아갈 수 있는 힘을 보태 주었던 모든 고마운 분들과 사랑하는 부모님, 가족과 형제들 그리고 친지들에게 다시 한 번 감사와 고마움을 전한다. 그리고 무엇보다 이런 소중한 분들 곁에 머물 수 있게 허락해 주신 하나님께 감사드린다.

　감사한 마음을 어떻게 삶으로 적용할 수 있을까를 고민하던 중, 알파코스로는 내 안에 있는 생명 되신 예수님을 그분을 알지 못하는 자들에게 전하는 영적인 생명 운동을, 뇌사자 장기 기증 운동을 통해서는 이식을 받지 않으면 죽음에 이르는 환자 분들에게 새 생명이 허락될 수 있도록 육체적 생명 운동을 하기로 결단하였다. 이 책을 통해 이식 후 24년간 한 번의 이상도 없이 건강한 삶을 살며 뚜벅뚜벅 걸어온 삶이 육체적 고통으로 희망 없이 사는 환자 분들

에게는 희망을, 삶의 의미를 발견하지 못하고 방황하는 분들에게
는 소망이 되었으면 하는 마음이다.

"죽음을 앞두고 '더 일했어야 했는데…' 라고 말하는 사람은 없다. 사
람들은 '다른 사람들을 좀 더 배려했더라면…, 더 많이 사랑하고 더
마음을 썼어야 했는데…' 하며 뒤늦게 깨닫고 후회한다."

- 헤럴드 쿠시너 -